盛宣怀与近代中国铁路建设

盛承懋　著

武汉大学出版社
WUHAN UNIVERSITY PRESS

图书在版编目(CIP)数据

盛宣怀与近代中国铁路建设/盛承懋著.—武汉:武汉大学出版社,
2022.4

ISBN 978-7-307-22924-2

Ⅰ.盛… Ⅱ.盛… Ⅲ.①盛宣怀(1844-1916)—人物研究 ②铁
路运输—交通运输史—研究—中国—近代 Ⅳ.①K825.3 ②F532.9

中国版本图书馆 CIP 数据核字(2022)第 033066 号

责任编辑:聂勇军 责任校对:李孟潇 版式设计:马 佳

出版发行:**武汉大学出版社** (430072 武昌 珞珈山)
(电子邮箱:cbs22@whu.edu.cn 网址:www.wdp.com.cn)
印刷:武汉中科兴业印务有限公司
开本:720×1000 1/16 印张:13.25 字数:189 千字 插页:2
版次:2022 年 4 月第 1 版 2022 年 4 月第 1 次印刷
ISBN 978-7-307-22924-2 定价:46.00 元

衷心感谢苏州科技大学校友、
江苏吴都建设工程有限公司创办人王磊先生
对本书出版的慷慨资助！

前　　言

1840 年鸦片战争爆发前夕，随着西方列强在中国势力的日趋强盛，有关火车和铁路方面的信息不断传入我国，并逐渐被清末革新派人士所接受。但是，当时的中国封建顽固势力仍十分强大，一直到 19 世纪 70 年代，修建铁路的呼声仍如泥牛入海，悄无声息。

19 世纪 60 年代初，尽管洋务运动已经起步，但是清朝统治者对铁路、火车的兴建，仍十分抵触，尤其是朝廷中的一些顽固派，更是将其视作"洪水猛兽"。

从 19 世纪 80 年代初至 80 年代末，清朝统治阶级内部的两大势力——顽固派和洋务派就铁路修筑问题展开了三次大的争论，推动了铁路建设在中国的启动。

甲午战败，《马关条约》签订，1895 年 7 月 19 日，光绪皇帝提出救亡图存的六项"力行实政"，再一次把修建铁路置于首位，修建铁路终于正式提上了议事日程。

由此，张之洞向清廷推荐"由盛宣怀督办铁路最为适当。因盛兼商业、官法、洋务三者之长"。

1896 年 10 月 20 日，盛宣怀奉命"以四品京堂候补督办铁路总公司事务"，并被授予"专折奏事特权"。

当年，盛宣怀 52 岁，他深知自己身上担子的沉重。他曾坦言：铁路修筑之事"在泰西为易办，中国则有三难。一无款，必资洋债；一无料，必购洋货；一无人，必募洋匠……风气初开，处处掣肘"，更何况当时还要面对西方列强的欺凌、朝廷的腐败、官绅的搅局、政策的多变等一系列难题。为确保铁路建设的顺利推进，他提出要"铁厂、铁路、银行三者一手抓"。从1896年至1911年清朝灭亡，这15年间，盛宣怀的整个实业生涯几乎都是围绕着铁路建设而展开的，然而，最终他却深陷政治的漩涡，成为清廷的替罪羊，结束了政治生涯。

本书较详细地介绍了盛宣怀督办铁路的全过程：他是在什么样的背景下督办铁路的，为此他提前作了哪些准备；他关于修筑铁路有哪些主张，他对中国早期铁路建设是如何规划的，为什么他紧抓"中权干路"不放；他是如何解决铁路建设资金的，为什么他强调宁可借"洋债"而拒"洋股"；为保证铁路建设的顺利推进，他是如何与西方列强争斗、维护路权的；面对义和团兴起，铁路建设遭到破坏时，他采取了哪些维稳措施；为尽量利用国产的钢轨，他在铁厂、煤矿建设方面是如何改进的；他为保证铁路建设的质量，作了哪些努力；他是如何解决铁路建设急需的科技人才的，他所办的公立大学，为铁路建设输送了哪些人才；他除将主要精力放在干路修筑之外，还督办了哪些支路的修筑；他为中国早期铁路建设与管理的现代化又作了哪些努力，取得了哪些成果；他为中国早期的铁路建设，吃尽了苦头，为什么反而成了清廷的替罪羊？

清朝政府从1881年修筑第一条铁路至1911年清朝灭亡的30年间，共修筑了50条铁路，总长9100公里，遍布全国18个省市。除了西北、西南比较偏远的省份没有铁路，其他省份都通了铁路。光是在1909年，就一口气规划了7条铁路，这些铁路有的是在清朝灭亡之后才修建完成的。这50条铁路中的大部分是在盛宣怀担任铁路督办之后修筑的，更重要的是盛宣怀所设计的四条最急于修筑的铁路干线，在清朝灭亡之前得以建成，即"以卢汉为核心，东面沪宁通上海，西面汴洛达关中，北面京津通吉林，南面粤汉达两广"，这是清末铁路的大致分布，也是中国百年来铁路网的根基。从中可以看出盛宣怀对中国早期铁路建设所做出的贡献。

当然，当年盛宣怀在铁路建设中所取得的业绩，与新中国铁路事业的辉煌成就，自然是无法相比拟的。

遥想新中国成立之初，交通运输面貌十分落后，全国铁路总里程仅2.2万公里。如今，中国综合交通运输网络日趋完善，多种运输方式齐头并进。其中，铁路网以"八纵八横"不断延伸，高铁网以"四纵四横"（四纵为京沪高速铁路、京港客运专线、京哈客运专线、杭福深客运专线；四横为沪汉蓉高速铁路、徐兰客运专线、沪昆高速铁路、青太客运专线）建成运营。据国家统计局数据，截至2018年末，全国铁路营业总里程达到13.2万公里，较1949年增长5倍，年均增长2.6%。高铁营业总里程3万公里，是2008年的44.5倍，年均增长46.2%，高铁营业里程超过世界高铁总里程的三分之二，居世界第一位。到2020年，基本建成布局合理、覆盖广泛、高效便捷、功能完善、世界上最现代化的铁路网和高铁网。到2035年，将率先建成发达完善的现代化铁路网，进而使中国铁路成为社会主义现代化强国的重要标志和组成部分。

一个高铁强国正如一轮朝气蓬勃的旭日，在世界东方冉冉升起……

我们在了解当年盛宣怀督办铁路建设的经历，再对比新中国70年铁路事业所取得的成就，可以清楚地看到，没有强盛的国家做后盾，就不可能有铁路如此强劲的发展势头。国家为铁路建设提供了稳定发展的平台、适宜对路的发展政策、强大无比的力量支持，正是有了这些基础，才有了铁路建设的突飞猛进，也才有了铁路发展的一路高歌和铁路面貌的历史性巨变。

相信，随着国家的不断强盛，铁路的发展定会再上台阶，我国的经济建设与社会进步将会取得更加辉煌的成就！

　　本书在编写与出版过程中得到许多朋友、学者、学生与亲属的关心和鼓励，我的学生江能前先生为本书的顺利出版尽心尽力，特别是，本书的出版得到了苏州科技大学校友、江苏吴都建设工程有限公司创办人王磊先生的慷慨资助，在此一并表示深深的谢意！

盛承懋

2021 年 10 月 12 日

目　　录

第一章 洋务兴起，铁路建设迟迟未提上日程

一、世界上最早的铁路

铁路的研制与修建，最早源自煤矿中运输的需要。1660 年，英国煤矿采用较为简便高效的两根木制的轨道，供马车拉矿。不久，有人又将铁皮钉在木轨上，以解决木轨易磨损的不足，这可以看成铁轨的雏形。

1768 年，英国一家铁工厂把积压的生铁铸成铁板，铺在路上供马车使用。后来，又把铁板改铸成 L 形铁轨，这样，既节省了大量铁板，又能较好地防止车辆出轨的事故，这应该是铁路的鼻祖了。

1705 年，英国人纽可门设计出适用于排除煤矿矿井积水的蒸汽机，并用于煤矿的运输，很快蒸汽机开始在煤矿普及，但这种蒸汽机存在着致命的缺陷，即漏气严重，煤耗极高。1763 年，英国人瓦特开始改进纽可门设计的蒸汽机，经过三年的努力，至 1766 年，瓦特终于造出了第一台具有实用价值的蒸汽机。瓦特发明的蒸汽机的功率比纽可门蒸汽机的功率提高了 5 倍以上，蒸汽机迅速被各个煤矿采用。

与此相距时间不长，1784 年，英国人又发明了将生铁锻造成熟铁的技术与设备，1824 年，有人开始用熟铁制成 T 形铁轨，将铁轨固定在木质或石质的底座上，用马拉着车在铁轨上快跑，这为铁路运行奠定

了基础。

1814 年 7 月 25 日，英国人斯蒂芬森经过不断研究、改进并发明制作了第一台蒸汽机车，取名为"布洛克"号。1825 年 9 月 27 日，斯蒂芬森亲自驾驶经改进后，能牵引 6 节煤车、20 节客车，载重达 80 吨的"旅行者"号蒸汽机车在铁轨上行驶，这条铁轨从斯托克顿到达灵顿，总长 27 公里，它是世界上第一条铁路，这一天标志着世界进入了"铁路时代"。之后，铁路逐渐成为工业革命的象征之一。蒸汽机车动力大大超过了马力，极大地提高了运输能力，因其行驶时冒着浓烟，喷着火星，人们将它称之为"火车"。

1831 年，英国人又设计了每米重 18 公斤的工字形熟铁轨，它与现代钢轨已经十分接近。1855 年，英国人贝塞麦发明酸性转炉炼钢法，铸制的钢轨寿命比熟铁轨提高了 10 倍。1858 年，钢轨形状基本固定了下来，重量已达每米 38 公斤。不久，托马斯又发明了碱性转炉炼钢法，所制钢轨质量又优于酸性转炉钢轨。自此铁轨经历了从石轨、木轨、铁条木轨、铸铁轨、熟铁轨、钢轨这一系列的演变过程。

铁路的研制和发展，仰仗于钢铁冶炼技术的发展。1865 年，美国首先采用轧钢机轧制钢轨(初为每米 22.6 公斤)，其质量大大超过此前英国采用铸造法制造的钢轨。由于习惯，人们仍称之为铁轨，其名延续至今。

与此同时，1865 年前后，法国、德国的钢铁冶炼技术也逐步成熟，相继发明采用平炉(马丁炉、西门士炉)炼钢法。平炉钢轨不仅质量上超过了转炉钢轨(汉阳铁厂最先引进的就是贝塞麦转炉，当发现所生产的钢轨质量无法得到保证之后，盛宣怀派李维格出国考察，经过调研分析后，又引进马丁炉，才解决了钢轨的质量问题)，而且平炉炼钢的产量也大大超过了转炉钢轨的产量，在此后半个多世纪里，平炉炼钢、平炉钢轨一直占据着优势地位，这为铁路大规模的建设创造了条件。

由于钢铁冶炼技术的推广，钢轨、蒸汽机车性能的稳定，铁路在欧美国家建设的速度加快，其发展形势也影响到亚洲，最早受到推动的是印度和日本，19世纪60年代初，印度雇请了英籍工程师史蒂文森在印度开始修筑铁路。1872年10月14日，日本第一条运营的铁路(新桥至横滨，总长29公里)正式建成通车。长期闭关锁国的日本，也仿效西方建筑了铁路，这引起了世界的轰动。明治天皇引以为傲，赏赐力主铁路建设的大隈重信宝刀一口，奖金600元，并发布谕旨予以感谢。①

二、铁路信息最初在中国的反响

1840年鸦片战争爆发前夕，随着西方列强在中国势力的日趋强盛，有关火车和铁路方面的信息不断传入我国，并逐渐被清末革新人士所接受。在林则徐主持并编译的《四洲志》、魏源的《海国图志》以及徐继畬的《瀛环志略》等著作中，都曾盛赞铁路火车的优越性。1859年，洪仁玕在其《资政新篇》中写道："倘有能造如外邦火轮车，一日夜能行七八千里者……先于二十一省通二十一条大路，以为全国之脉络，通则国家无病焉。通省者阔三丈，通郡者阔二丈五尺，通县及市镇者阔二丈，通大乡村者阔丈余……每二十里该钱若干而收……因用火用氧用风之力大猛也，虽三四千里之遥，亦可朝发夕至……"在此，洪仁玕大胆地提出了在中国修建铁路的具体设想。此后不久，一部分早期的资产阶级维新派，如冯桂芬、王韬等人也开始主张兴修铁路。但是，当时的中国封建顽固势力仍十分强大，一直到19世纪70年代，修建铁路的呼声仍如泥牛入海，悄无声息。②

与清末少数新思潮引领者关注铁路建设不同，西方列强一直把在中国修筑铁路视为打开中国市场的利器。参与1842年签订《南京条约》的英国代表璞鼎查曾经在展望中英贸易前景时说，这个条约的签订"开辟

① 以上参见顾必阶:《中国铁路建设与汉冶萍》，第一届汉冶萍国际学术研讨会论文集，第481~489页。

② 参见刘家华:《关于清末中国朝野围绕修筑铁路问题的三次争论》，《知识窗·教师版》2014年第2期，第46~47页。

了一个如此广大的市场，即使所有工厂的纺织品，也不能满足中国一个省的需求"，为此，需要在中国修筑铁路，以利于开辟市场。英国商人也意识到：必须在中国境内建起四通八达的铁路网，才能真正打开中国市场的大门。

《南京条约》签订后，西方各国迫使清政府开港通商，加上地方官吏地主兼并土地，使得传统农村经济受到破坏。各地乘机纷纷起事，其中华北以捻军为主，华中华南以洪秀全的太平天国等为主。曾国藩、左宗棠与李鸿章纷纷组织湘军与淮军抵抗太平天国、围歼捻军。

1856年，英、法共同发动了第二次鸦片战争，1860年清政府被迫签订了《天津条约》和《北京条约》。继而俄罗斯又趁火打劫，根据一系列不平等条约，中国丧失了大量领土、主权和财富，半殖民地半封建社会程度大大加深。

1861年同治帝载淳继位，咸丰帝本任命肃顺等八大臣赞襄政务，两宫太后与恭亲王奕䜣发动辛酉政变，两宫垂帘听政，最后由慈禧太后获得实权。被称为洋务派的奕䜣与曾国藩、李鸿章、左宗棠、张之洞等部分汉臣在镇压太平军时认识到西方的船坚炮利，并且鉴于两次鸦片战争的失败，主张以"师夷长技以制夷"、中体西用为方针开展自强运动，又称之为洋务运动，由此洋务运动兴起。

洋务运动最初从开设矿业、建立江南制造局、福州船政局与汉阳铁厂等制造工厂与兵工厂开始，同时也建立新式陆军与北洋舰队等海军。1872年9月李鸿章创办轮船招商局，1873年9月9日盛宣怀入局任会办。1874年盛宣怀接到李鸿章密谕："中国地面多有产煤产铁之区，饬即密禀查复。"①李并说："中土仿用洋法开采煤铁，实为当务之急。"自此盛宣怀赶赴湖北广济、大冶等地勘查煤铁、开发矿业长达七年之久。1887年10月盛宣怀聘请的英国矿师郭师敦勘查后，提出"大冶铁矿据化验一百分内有铁质六十二分，可请开办"的报告，盛宣怀并"以湖北

① 参见夏东元：《盛宣怀传》，四川人民出版社1988年版，第461页。

开采煤铁总局名义买得大冶铁矿山",准备开采冶炼。

然而,面对外患内忧,夜郎自大的清朝统治者仍然沉浸在"天朝上国"的迷梦中,对西方工业技术成果怀有一种本能的抵制,将其一律视为"奇技淫巧",特别是对铁路、火车更视为"洪水猛兽"。英国希望在中国修筑铁路的想法,在很长时间里都未能如愿,尤其是清朝的顽固派唯恐这些外洋事物会动摇中国数千年来社会的传统秩序,于是寻找各种理由反对铁路的修建。

三、英商修筑铁路的请求与行动屡次被拒

中国的铁路建设经历了十分艰难曲折的过程。19 世纪 60 年代初,尽管洋务运动已经起步,但是清朝统治者对铁路、火车的兴建仍十分抵触,这种反对与抵触,最初表现为英商在中国修筑铁路的请求,屡次遭到拒绝;之后英商等为达到目的,通过变换手段在中国境内修筑的铁路,也屡次被强制拆除。

1863 年 7 月 20 日,英商怡和洋行联络在上海的英、法、美三国 27 家外国洋行,联合呈请江苏巡抚李鸿章,要求特许建筑上海至苏州的(苏沪)铁路,并筹设苏沪铁路公司,但是,即使当时比较开明的李鸿章也不认可这些外国洋行的要求,严词拒绝。总理衙门也表示:万难允许。

1864 年怡和洋行仍不死心,特雇请了曾在印度修筑铁路的英籍工程师史蒂文森来华,提出了一个以汉口为中心,沟通上海、天津、广州,以及镇江至北京的四条干线的综合铁路计划。总理衙门并不理会,再次予以拒绝,史蒂文森失望而返。

1866 年英国驻华公使威妥玛受英商之托,向江苏巡抚李鸿章提出,吴淞至上海间的河道淤塞,疏通困难,大吨位轮船无法停靠港口,请求修筑吴淞至上海的铁路,以便与上海办理联运,此举再次遭到上海道应宝时的拒绝。

英商三次提出修筑铁路的意图均被拒绝，他们的计划未能付诸实施。他们又变换手法，采取不经许可、擅自修筑铁路的办法，企图达到他们的目的。在向清廷提出请求的前后，他们擅自在中国南北修筑了两条铁路，这进一步触怒了朝廷的权威，最终被清政府有关部门下令拆除。

此事最先发生于 1865 年 8 月，英国商人杜兰德（Durant）擅自在北京宣武门外沿护城河的空地上铺设了一条长约 600 米的窄轨铁路，未采用机车，而是用人力推动车厢，向京城官员和百姓表演了火车行驶的情景，然而"京人诧为妖物，旋经步军统领饬令拆卸，群众始息"，这距世界第一条铁路的铺设已有 40 年的时间。

1874 年，英商怡和洋行鉴于几次提出修建铁路被拒，为达修路目的，谎称要修建一条吴淞至上海的"车路"，并成立了吴淞道路公司，这得到了清政府新任上海道沈秉成的同意。很快，英商征购了从上海（租界北）至吴淞一带约 1.5 万米、宽约 15 米的土地，就近招募工人，随即开工，并以"供车路之用的机器"名义，运来铁轨和机车。1876 年 7 月 4 日，英商怡和洋行的淞沪铁路投入运营。清政府见状，方知受骗，反过来与英国人交涉，而此时的英国人则不予理睬。

火车对当时处在封建社会中的中国人观念上的冲击是巨大的，人们普遍不能接受这个冒着黑烟"呜呜"作响的怪物。士大夫们认为，火车打破了传统秩序的宁静。在购地、施工过程中，由于不断发生毁田、拆房、迁墓等扰民之事，因此也遭到沿线居民的反对和抵制。民众曾想方设法阻止工程的进行。通车后，因机车喷出的火星点燃了农民的茅屋，江湾一带的百姓鸣锣聚众数百人，民众捣毁了"吴淞道路公司"办事处的家具，一度引发外交事件。

1876 年 8 月 3 日，就在吴淞铁路即将运营一个月的时候，火车在江湾地段意外轧死了一位路人，顿时引起人们的恐慌。清政府趁机勒令火车停运。

1876 年 10 月上旬，盛宣怀奉李鸿章之命从烟台赶到上海，与英员梅辉立谈判关于淞沪铁路拆除的问题，10 月 24 日，谈判定议于江宁，中国以 28.5 万两白银购回英商所修筑的由沪达宝山、江湾镇的淞沪铁路，并同意英商公司再运营一年，至 1877 年 10 月 21 日为止。据统计，在实际运营不到 10 个月的时间里，运送乘客达 16.1 万人次。

一年后，买断协议期满，火车停运。收回铁路仅过 10 天，新任两江总督沈葆桢便下令拆除铁轨，外国媒体指责此举为"野蛮无知"。

随着俄、日等国对中国武力威胁的不断增大，清廷中的一些有识之士开始呼吁师法欧美，修筑铁路（包括创办电报），以图御侮。由直隶提督刘铭传奏请修筑清京铁路起，到直隶总督李鸿章奏请修筑津通铁路的近 10 年中，清末朝野展开了关于铁路建设长达近 10 年的几次大论战。

四、由刘铭传提议引发的第一次铁路争论

1879 年 11 月，李鸿章召集盛宣怀商议洋务。盛认为："欲谋富强，莫先于铁路、电报两大端。路事体大，宜稍缓，电报非急起图功不可。"盛宣怀凭着自己在实业领域内多年的思考与见识，一下子就抓住了交通和通信这两个工业近代化的核心命脉。盛宣怀从内心深知铁路建设对经济、军事发展的重要性，但是他鉴于 1876 年 10 月上旬，奉命与英员梅辉立谈判关于淞沪铁路拆除问题的经验，了解朝廷上下对铁路的修筑尚未取得共识，他不得不向李鸿章建议，由于办铁路牵涉面太大，受到的阻力也大，只能适当放缓，而电报架设相对简便，对军事的作用又大，从长远来说，对商业与民生作用更大，因此应"急起图功"。李鸿章对于盛宣怀的建议甚是赞同。

19 世纪 80 年代，是洋务运动的后期，为了兴办近代的交通、通信等事业，以辅助军工事业的发展，清朝统治阶级内部的两大势力——顽固派和洋务派终于就铁路修筑问题展开了争论。

第一次争论发生在 1880 年初到 1881 年初。

1880 年，中俄关于伊犁问题的交涉日趋紧张，双方谈判陷入僵局，战争一触即发。清政府便召集淮系悍将刘铭传入京商讨对策，准备必要时派他统兵作战。此时洋务派在涉外交往中，逐渐看到了铁路在国防中的作用，希望以铁路"强国"。当年 12 月，刘铭传应召入京，他抓住这个机会，向朝廷呈上《铸造铁路自强折》，正式提出修筑铁路的建议，指出铁路利于漕务、赈务、商务、矿务、行旅，对于用兵尤不可缓。他建议修建四条铁路，南北各二条，均以北京为起点（即北京至汉口、至清江、至盛京、至甘肃），由于工程浩大，他提出先修北京至清江一路。（其实，早在 1874 年，日本派兵侵犯台湾，李鸿章奉召入京谒见恭亲王奕䜣时，即提出修建此路的重要性。奕䜣表示：无人敢主持，两宫亦然。）

对于刘铭传的提议，清廷命北洋大臣李鸿章、南洋大臣刘坤一妥议具奏。刘铭传修建铁路的提议传出后，立即遭到朝中顽固派的围攻，内阁大学士张家骧首先跳出来反对，他提出修铁路有"三大弊端"，请求对刘的提议置之不议，以防流弊。10 天后，李鸿章复奏，支持刘铭传的主张，并指出修建铁路有"九利"：便于国计、便于军政、便于京师、便于民生、便于转运、便于邮政、便于矿务、便于轮船招商、便于行旅。此外，洋务派还认为，铁路具有"快捷、安全、制敌、弥内乱、节俭军费"等优点。然而，顺天府丞王家璧上奏，对李鸿章的复奏大加批驳，并指责李鸿章未与刘坤一联衔合奏，此举过于轻率。1881 年 2 月初，刘坤一的复奏到京，刘称赞铁路确有便捷、调兵之利，但又担心将使依靠车马为生的贫民失业，铁路增税，将使田地税厘化为乌有，希望对修建铁路的利弊详加斟酌。

但是顽固派势力很大，像翰林院侍读周德润、通政使司刘锡鸿（曾任驻英副使、驻德公使）等排外的士大夫，主张恪守儒家礼、义、廉、耻的古训，他们纷纷上奏，要求停止筹议铁路问题。侍讲张谐认为修铁路有"九不利"，御史浩良品陈述修铁路存"五害"，不外乎都是攻击铁路是不祥之物，会惊动山川神灵，从而招致种种灾祸。

其中，刘锡鸿的反对意见最有杀伤力，他向朝廷呈上了一份七千言的《仿造西洋火车无利多害折》，举出反对修路的 26 条理由："不可行者八，无利者九，有害者九。"他指出："火车实西洋利器，而断非中国所能仿行也。臣窃计势之不可行者八，无利者八，有害者九"，"我国乾隆朝之世，非有火车也，然而廪溢库充，民丰物阜"。其他反对者都没有出过国门，不知铁路为何物，全凭揣摩，空发议论，而刘锡鸿是 1876 年清政府首次派遣驻英的副使，他既有与外国交往的经验，又有亲身坐火车的经历，他的这份奏折对朝廷的决策产生了举足轻重的影响。他认为"夷狄之道，未可施诸中国"，铁路在夷国可行，中国则不可行。就在刘锡鸿上奏当日，即 1881 年 2 月 14 日，清廷颁布上谕："叠据廷臣陈奏，佥以铁路断不宜开，不为无见。刘铭传所奏，着无庸议。"驳回了刘铭传修筑铁路以自强的提议。由于顽固派的坚决反对，洋务派意见不一致，第一次争论以顽固派的胜利而告一段落。

不过值得庆幸的是，虽然洋务派在口舌上暂不敌顽固派，但在筑路的实际行动上还是取得了一定的突破。1880 年 10 月，开平矿务局督办唐廷枢为适应运煤需要，在唐山至胥各庄间动工修筑了一条长约 9.7 公里的铁路，全部采用 1.435 米的轨距，工程于 1881 年春夏之交完工，成为中国自办的第一条铁路。由于受"铁路建设争议"的影响，忌讳称它为铁路，运煤车也只能用骡马拉行，故称为"马车铁路"。后来，开平矿务局出资，设立修车厂，按照英国工程师金达的设计图纸，自制了一台蒸汽机车，车头两侧还各镶嵌了一条金属制成的龙，故有"龙号机车"之称，时速仅 5 公里。龙号机车点火启动，投入运行后，沿途黑烟弥漫，噪声震耳。消息传至京城，遭到顽固派一致讨伐，朝廷勒令禁用机车，唐廷枢无奈只得再次改用骡马拉煤。

唐胥铁路是在晚清满朝文武反对呼声十分高涨的情况下建成的，实属不易，这条铁路极大提高了物品运输效率，堵住了那些反对修铁路大臣的嘴，让所有人看到了铁路的优点，而且铁路建成以后还得到了醇亲王奕譞的大力支持，使洋务派受到了很大的鼓舞。因此，第一阶段的争

中国自造的第一台机车——龙号机车

论也不能说洋务派是全面"败诉"。①

五、李鸿章欲修筑津通铁路所引起的争论

第二次争论是从 1883 年到 1888 年，起因是法国吞并越南和中法战争的爆发。1882 年 8 月 25 日，法国殖民者强迫越南签订了《顺化条约》，取得对越南的"保护权"，此时，中国成为法国占领越南的唯一障碍。为消除这一障碍，法国政府于是屯兵越南北部，中法关系趋于紧张。

由于中法战争迫在眉睫，李鸿章以北洋海军急需燃煤为由奏准朝廷开禁，"龙号机车"获准行驶，经改进后时速达 30 公里，这成为中国自

① 参见刘家华：《关于清末中国朝野围绕修筑铁路问题的三次争论》，《知识窗·教师版》2014 年第 2 期，第 46~47 页。

主修筑的第一条铁路，但又遭到顽固派内阁学士徐致祥等人的攻击，徐致祥痛陈八害，鸿胪寺卿延茂、山东道监察御史文海等也纷纷上奏朝廷，力陈兴修铁路的害处。他们的观点大致相当，概括起来主要有两点：一是出于对洋人的担忧，"其显而易见者，则垄断牟利也，其隐而难窥者，则包藏祸心也"，"益令彼之声息易通，我之隘阻尽失"，即担心洋人必有所图，对中国不利；二是担心铁路的兴修会引起骚乱，"小民失业者不可胜计，往往铤而走险流为捻匪"，"创办电线铁路，则车驴人辇旅店脚夫之生路穷矣"，"中国亿万小民穷极思变，与彼为仇"，"此事为害过大，使我之国计民生日耗日削于冥冥之中，不堪设想"。

中法战争结束以后，朝廷下诏各臣工切筹善后，铁路问题立即被作为一项重要内容提了出来。李鸿章说："法事起后，借洋债累二千万，十年分起筹还，更无力筹水师之岁需。开源之道，当效西法采煤铁、造铁路、兴商政。矿藏固为美富，铁路实有远利……非圣明主持于上，谁敢破众议，以冒不韪。"1885 年，闽浙总督左宗棠病故，临终遗疏言："铁路宜仿造也。外洋以经商为本，与中国情形原有不同，然因商造路，治兵转运灵通，无往不利。其未建以前，阻挠固甚，一经告成，民因而富，国因而强，人物因而倍盛。有利无害，固有明证。天下俗论纷纷，究不必与之辩白……请俟海防大臣派定之后，饬令议办。"左宗棠生前对铁路的态度并不积极，而今也认识到铁路"有利无害"，并立遗嘱恳请朝廷商办，他的意见对朝廷产生了相当大的影响。

1884 年 4 月 9 日，清政府做出重大的人事调整，醇亲王奕譞入主中枢，总领军机处，清廷内外政策均有所变动。当年 6 月，朝廷下谕："铁路一事……惟此等创举之事，或可因地制宜，酌量试办。著总理各国事务衙门会商李鸿章详加酌复，妥筹具奏。"李鸿章建议继续试办铁路，提出先修漕运铁路。

1885 年，鉴于中法战争中福建水师的覆没，为了统一指挥调度其他尚存的水师，清政府成立了海军衙门，并任命奕譞为总理海军事务大臣，李鸿章等人任会办。奕譞经过中法战争，对铁路的重要性有了较清醒的认识，"调兵运械，贵在铁路，自当择要而图"。为避免新建铁路引起顽固派刁难，李鸿章与奕譞商议延伸唐胥路。在奕譞等人的大力支持下，李鸿章成立开平铁路公司，招集商股，委派伍廷芳主持。1887年1月1日，李鸿章筹资，先将唐胥铁路由最初的9.7公里延长到约43公里。随后，海军衙门复奏延伸至大沽和天津，1888年10月3日津沽铁路全线竣工。9日，李鸿章亲率官商乘车验收，全程120余公里，3小时即行完全程，李鸿章为之十分兴奋。13日，他致函奕譞，竭力主张修筑从天津到通州的铁路，李的主张再次得到奕譞的赞同。随即上海报纸刊出铁路公司招股公告，举朝骇然，铁路建设再次掀起大争议。

由于铁路建设的重要性已被很多人认可，因此，在第二次大争议中，顽固派不再盲目反对修筑铁路，而是坚决反对修筑津通铁路。1888年12月，国子监祭酒盛昱上奏认为："铁路修在荒漠广远之处有利无害，在人烟稠密之地有害无利。修津通铁路只有利于'奸黠之游手'，而有害于'数万有业之愚民'。"河南道监察御史余联沅上奏力陈修津通铁路有"五害"；山西道监察御史屠守仁认为只有修北京至清江的铁路较理想，而修津通铁路则大利皆失，"洞启门户，国家(京师)将何以守卫"。户部给事中洪良品奏称："开津通路虽有百货流通，往来便捷，调兵神速之利，但宫廷宗庙所在，设险阻堑唯恐不严，何以尽撤藩篱？修铁路有百利不能偿此一害。"修筑津通铁路成为众矢之的。1889年1月，慈禧太后懿旨将余、屠、洪等人请停办津通路的奏议交海军衙门会同军机大臣妥议具奏。接着，礼部尚书奎润、户部尚书翁同龢、仓场侍郎游百川、内阁学士文治等上奏，均反对修津通路。同月，慈禧懿旨又将这些奏议连同此前余、屠、洪等人的奏议责成海军衙门会同军机大臣一并妥议具奏。于是，又冒出左庶子朱琛、监察御史何塽等奏"六害""六不可信"的反对意见。

海军衙门和军机大臣将所有反对意见归纳为"资敌""扰民""夺民生计"三类，逐一予以批驳。奕譞又单独上奏，批评反对者"空言盈廷，查无实策"，"局内创一事则群相阻挠，制一械而群讥靡费。但阻本国以新法备敌，而不能遏敌以新法图我"。2月14日，慈禧认为海军衙门和军机大臣会奏辩驳精详，敷陈剀切，因事关大局仍责成沿江沿海13位督抚将军各陈己见，迅速复奏。3月中旬，将军们陆续复奏，有10位反对，坚决支持的只有台湾巡抚刘铭传和两江总督曾国荃。

而两广总督张之洞却提出独到的见解。他在复奏中肯定修筑铁路刻不容缓、利国利民的前提下，认为修筑铁路必须有"经营全局"的观念，必须权衡各条线路的利弊得失，精心选择有利的地理位置，从而提出缓造津通铁路，改筑腹省干路(从京城外卢沟桥至汉口的卢汉铁路)，指出修筑卢汉铁路有"七利"，并提出了卢汉铁路分段修筑的筹款计划。张之洞修筑卢汉铁路的建议有理有据，得到奕䜣的赞赏，李鸿章对此也不得不表示赞同。1889年5月，清廷批准了张之洞的这一宏大计划。①

六、先修筑"卢汉"还是"津通"所引发的争论

第三次争论发生在19世纪80年代末，实际是第二次争论的继续，它是围绕津通铁路的筹办而展开的。1888年10月，津沽铁路工程竣工，11月，奕䜣又奏请修建天津至通州的铁路，慈禧太后批准了这一请求，结果却引发关于铁路问题的激烈争论，而且成为最激烈的一次。

此外在中国究竟先造哪一条铁路问题上又产生了分歧。李鸿章力主修建天津至通州的路段；张之洞则仍主张在中部地区筑路，中部是国家的腹地，可进可退，一旦南北向的铁路建成，与东西向的长江成十字交叉，中国的交通脉络就发生质的变化了。张之洞认为，"宜先择四达之衢，首建干路以为经营全局之计，以立循序渐进之基"的自卢沟桥经河南达湖北汉口的卢汉铁路。张之洞认为，这条路是"铁路之枢纽，干路

---

① 参见顾必阶：《中国铁路建设与汉冶萍》，第一届汉冶萍国际学术研讨会论文集，第481~489页。

之始基，而中国大利之所萃也"。①

张之洞修建卢汉铁路的观点很明确：第一，"无引敌之虑"，不会因为修筑这条路，引起外国势力的各种猜忌和顾虑，从而增加阻力；第二，中国的内陆地域宽广，利于选择合适的地段筑路铺轨；第三，这条路一旦建好，沿途设置很多车站，"……民受其益，人习其事，商睹其利"，对商、民是有利的；第四，建好了这条路，"将来集资推广续造，不至为难"；第五，卢汉铁路的修筑，有利于内地在物资、兵力等方面对京城的支援；第六，中国内陆各省蕴藏着丰富的矿产，卢汉铁路的修筑有利于矿产的开发；第七，铁路修筑在内陆，一旦发生海战，不致涉及铁路运输，海战利于得到物资保障。

张之洞提出的"缓造津通铁路"的意见，不见得完全正确，但是，他将修筑卢汉铁路，提高到各条路的"纲领"的地位，是十分有远见的。他在给朝廷的奏折中说："中国应开铁路之利甚多，当以卢汉一路为先务，此路南北东西皆处适中，便于通行分布，实为诸路纲领。"②他在致电总理衙门时又说："此路四通八达，必宜先办，其余支路由此而推，如此方有纲领有次第。"③他认为卢汉铁路的修筑，可为其他路段或其支路的修筑打下基础。

张之洞的见解，实际上也是盛宣怀的观点。盛宣怀多年在湖北、天津任职，一再强调要抓紧"中权干路"，渐及其他支路，清晰地表明了他以修筑卢汉路为起点，逐渐扩大到全国各路的想法。盛宣怀认为"中国幅员广袤，边疆辽远，必有纵横四境诸大干路，方足以利行政而握中枢"。关于是修津通铁路，还是修卢汉铁路的争议，实际上就是1889年那一次争议的继续，山东道监察御史屠守仁、户部尚书翁同龢、翰林院侍读徐会沣等人纷纷上奏朝廷，指出铁路兴建"资敌、扰民、夺民生

---

① 参见张之洞《请缓造津通铁路改建腹省干路折》，光绪二十五年三月初三日。

② 参见张之洞《吁请修备储才折》，光绪二十一年闰五月二十七日。

③ 见《香帅致总署电》，光绪二十一年六月初十日。

计"。另外，也有人指出，通州乃朝廷京畿要地，此举会更有利于西方红夷侵略我国。海军衙门及军机处和支持筑路的大臣把反对意见会奏，朝廷又下达上谕，令各省督抚各抒己见，发表看法，多数人还是同意继续修建津通铁路。津通铁路之事未了，结果引发张之洞提出先修卢汉铁路，缓办津通铁路一事，真是一波未平，一波又起，最后结局是放弃津通铁路，改修卢汉铁路。

经过一段时间的争论，1889 年 8 月 28 日（光绪十五年八月初二日），清王朝慈禧太后颁发了一道懿旨，明确了修建铁路的重要性，此事"造端宏远，实为自强要图"，并且决定采纳张之洞的建议，修建从卢沟桥至汉口的铁路，派李鸿章和张之洞会同海署负责筹办。①

9 月上旬，盛宣怀因俄国电报线路之事进京，当时正值慈禧太后颁发懿旨后数日，朝廷中关于修建铁路之事议论很多，为此，9 月 14 日（八月十九日），盛宣怀给张之洞写了一篇长长的禀文，明确表示赞同张的方案。

为了尽早实现卢汉铁路的修筑，必须加快筹建铁厂。1890 年 8 月 25 日，海署复电批准了张之洞铁厂的选址，铁厂正式定名为"汉阳铁厂"，自此铁厂进入了建设阶段，经过三个月的实地测量和规划之后，铁厂于 1890 年 12 月 23 日，正式在湖北龟山脚下奠基动工兴建。

经过三年的建设，1893 年 11 月，汉阳铁厂正式建成投产。全厂包括生铁厂、贝塞麦钢厂、西门士钢厂、钢轨厂、铁货厂、熟铁厂等六个大厂和机器厂、铸铁厂、打铁厂、造鱼片钩钉厂等四个小厂。

但是，此时中日交战已迫在眉睫，卢汉铁路的修筑只能暂时搁置。1895 年 7 月 19 日，即中日《马关条约》签订后的第 94 天，光绪皇帝发出一道谕旨，宣称"当此创巨痛深之日，正我群臣卧薪尝胆之时"，并提出救亡图存的六项"力行实政"，同时很自然地又把修建铁路置于首

---

① 参见刘家华：《关于清末中国朝野围绕修筑铁路问题的三次争论》，《知识窗·教师版》2014 年第 2 期，第 46~47 页。

位，于是上下一致地将修建铁路又放上了议事日程。

1895 年底，清政府决议要兴建卢汉铁路了。要兴建卢汉铁路，紧接的一个问题是，修建卢汉铁路的重担交给谁？1896 年 9 月 2 日，张之洞向清廷推荐"由盛宣怀督办铁路最为适当。因盛兼商业、官法、洋务三者之长"。张之洞的意见，实际上代表了洋务派大多数人的意见，当然也得到了光绪皇帝的首肯。

1896 年 10 月 20 日，盛宣怀奉命"以四品京堂候补督办铁路总公司事务"，并被授予"专折奏事特权"。10 月 30 日盛宣怀被授予太常寺少卿衔。盛宣怀之所以希望得到"专折奏事特权"，这是因为他深知面临清政府这个官僚机构，办事如何之艰难、曲折。

盛宣怀向清政府表示："宣本不敢担任荷，但念华商无人领袖，若一推让，恐厂与路皆属洋商，贻后来患。反复思维，人生百岁耳，事机易失，既有把握，曷不放手为之。"①盛宣怀的讲话清楚地表达了，他面对这么一个干事的好"事机"，是绝不会放过的；面对路与厂综于一手，他有"把握"成功；既然担起了此任，就要"放手"大干一场。② 为此，盛宣怀对于不利于修筑卢汉铁路的一切因素，都要尽力予以排除和无情反击，包括西方列强的侵权与国内竞争对手的争夺。

1896 年 11 月 16 日，盛宣怀开始了他督办卢汉铁路的历程。

---

① 参见盛档，盛宣怀《寄王夔帅》，光绪二十二年四月初二日。"盛档"，"盛宣怀档案"简称，后同。

② 参见夏东元：《盛宣怀传》，四川人民出版社 1988 年版，第 216~218 页。

第二章　汉阳铁厂与中国早期铁路建设

一、大冶铁矿为铁厂筹建奠定了基础

19 世纪 70 年代中期，中国的铁路建设还没有展开，但是一部分有识之士对中国的煤铁勘查与开采已经采取了行动。1874 年下半年，李鸿章指示盛宣怀："中国地面多有产煤产铁之区，饬即密禀查复。"①

其实，早在 1864 年前后，盛宣怀就关注起湖北的矿产了。那还是在湖北他父亲盛康的任处，有一次，盛宣怀在盛康衙门的文案房里看到一份文件，文件内容讲的是湖北广济县向朝廷禀报禁止开挖武穴煤山的缘由与具体做法。

盛宣怀由此第一次注意到湖北各地蕴藏着丰富的煤矿与铁矿。他不明白为什么广济县的官府要禁止开挖武穴煤山，他在长江边上看到，外国的轮船上装了许多洋煤运到武汉卖给中国的老百姓，而洋人的煤的价格贵得要命，他想如果将武穴的煤挖出来，运到武汉去卖，运输成本低，价格一定会比洋煤便宜得多。他又想到武汉街头没事干的人多得很，这些人每天在街上逛，找不到事做，生活穷困潦倒。如果将这些人组织起来到武穴采煤，不也能为他们及家人解决生活困难创造条件吗。为此，盛宣怀将自己对广济县向朝廷禀报文件中的一些不同意见，向文

① 盛承懋：《盛宣怀与湖北》，武汉大学出版社 2017 年版，第 20 页。

案房的几位师爷表白了一下。当然，他知道自己的见解短浅，只能说说而已。

也许是他在文案房与几位师爷说的一番话，传到了湖广总督的耳里。加之先前湖广总督因他襄办陕甘后路粮台出力，奉旨以知府尽先补用，于是经湖广总督保奏，盛宣怀被派到广济考察那里的煤矿。

通过认真的考察，盛宣怀不仅对武穴煤山的蕴藏有了更深入的了解，进一步"乃知其地滨江"，交通比较方便。他还仔细查看了地方志，向当地的官员与百姓请教，"始知该山属官"。这次考察给他的印象很深，他清楚地意识到，煤矿就是财富，国家要富强是离不开煤矿与铁矿这些矿藏的，需要有人将它们开挖出来，他心想如果朝廷委派我来做此事，我一定会尽全力去做的。尽管当时他无力去开采煤矿，但这段经历为他日后在武穴等地开发矿业奠定了必要的基础。

盛宣怀对李鸿章的指示可以说是不遗余力。当他把青年时期曾在湖北广济考察过那里的煤山向李鸿章汇报后，李立即批准他到湖北广济勘矿。为了支持盛宣怀的行动，李鸿章特意将"才识俱优，洵为出色之员"、时任汉黄德道兼江汉关监督的李明墀介绍给盛宣怀，希望他好好与李明墀合作，借助李明墀在地方上的力量，在湖北广济取得好的结果。

盛宣怀在李明墀、张斯桂（沈葆桢的助手、曾在台湾参与过勘矿）的配合下，在湖北督办李瀚章等人的支持下，1875 年 7 月 24 日，湖北广济煤矿终于"设厂雇工开挖"。

盛宣怀自 1875 年至 1877 年，将近三年的时间，在湖北广济、大冶等地日夜奔波，十分辛劳，虽然在广济开始采煤了，但是煤的质量不行，不适合机器局、招商局轮船之用，将这种劣质煤用于炼铁，炼出的铁的质量也不行。

究其原因，应该说是没有经验，技术不行。用洋法开采煤铁，它的前提是那里必须有丰富的矿藏，也就是说事先必须勘探清楚那里煤的矿藏量，并且搞清楚那里是否适合用机器来开采。而恰恰在这最关键的一点上，盛宣怀忽视了。这使他面临煤矿矿藏量还没勘探清楚，洋人的机器设备已经到货的尴尬局面，造成了很大的被动。此外，没有合适的专业人才也是重要的因素。科举培养出来的人才，不具备工科的知识与技术，在矿务上派不上用场，只能到国外去聘用工程师，而聘用的、曾在日本长崎挖煤的英籍矿师马立师技术又不行，还自以为是，他将广济的劣质煤误认为优质煤，将劣质煤供给机器局、招商局的轮船使用，功效自然抵不过外国的优质煤；将劣质煤用于大冶炼铁，结果自然无法炼出合格的铁，白白浪费了开采与运输费用。当然，还有其他的原因，如资金不足、管理跟不上，等等。总之，他采取"官本官办"的办法办理湖北煤铁开采事务，以失败告终。

1876 年 9 月中旬，盛宣怀"在烟台面托总税务司赫德聘雇英国矿师一名及匠目二人"，请赫德帮忙重新推荐矿师。

新聘雇的矿师郭师敦到任后立即投入了勘矿工作，不久，他提交了广济等处煤矿的勘查报告。报告认为广济煤"层既太薄，又太参差，质也下等……并无阔大平直之层堪以出入，挖之无益……仅合烧化石灰及民户代薪等用"，而兴国煤经考察得出同样结论，"各矿俱在灰石之间，煤脉煤苗似乎兴国州属较广济县属所见更多。然煤无佳质，层不整齐，既不合汽炉熔铁等用，又无阔大矿形以供采择。机器开挖，均无庸议"。① 其后，郭师敦赴宜昌勘查，认为当阳有"上等白煤"值得开挖。

1877 年 9 月下旬，郭师敦又提交了大冶铁矿的化验报告。报告说大冶铁矿的"铁质净六十一分八八之多，矿之佳者推此为最。以熔生铁，洵称上等，再炼市销熟铁，亦无不可"，他同时报告在旁近之地发现优良"锰矿"。由于储量甚大，郭师敦估计"足供中国各厂一切需铁之用，所冀久挖不完，即所得之矿悉是佳钢佳铁矣"。此外，"又有灰石大矿佳而且厚，颇合熔炉之用"。他认为"所需惟有熔铁白煤一项须得包定若干，不致缺乏，方能济事"。郭师敦在 5 个多月中，勘矿取得了

---

① 盛承懋：《盛宣怀与汉冶萍》，武汉大学出版社 2019 年版，第 16 页。

很大的进展。

郭师敦随即编制了"生铁厂成本报告"，提出"熔炉一座，应需各项各目及约核成本"等详细内容，共计需"规银十二万两，开炉熔化每年可出生铁一万二千吨"。

郭师敦尽管确认了大冶铁矿拥有优质的矿藏，并且编制了生产生铁计划，但是面对价昂的熔铁机器，财政紧绌的清政府，盛宣怀无能为力。1877 年 10 月 16 日，李鸿章致函盛宣怀说："此项机器汽炉需款甚巨，目前商股既未能招集，练饷亦无可添拨，只可暂作缓图。"①

盛宣怀并没有因此而停步，1878 年 2 月，他安排职员大量购买铁山地亩和黄石港江边适合置炉的土地，"以湖北开采煤铁总局名义买得大冶铁矿山"，并开始订购机器设备，为日后炼铁作适当的准备。盛宣怀并提出湖北矿务"先煤后铁"，"以铁为正宗"的宗旨。

中国工业遗产——大冶铁矿遗址

4 月，盛宣怀再次请求李鸿章拨款，并获得李鸿章"湖北矿务当以

---

① 参见陈旭麓等主编：《湖北开采煤铁总局荆门矿务总局》，上海人民出版社 2016 年版，第 218~244 页。

铁为正宗"的意见。5月中旬，盛宣怀禀李鸿章说："据面禀武、冶铁质之佳，矿产之旺，确有把握"，"请先开生铁炉一座，逐渐推广；荆当煤质坚好，一无硫磺夹杂，尤为所宜，虽运费较多，但以此煤能和美国白煤比，一吨足以抵两吨之用，开挖尚可合算，请先探签试办"。①

但是，此时李鸿章深陷广济煤矿债务危机之中，30万串官款，亏损近10万串，朝廷对他与盛宣怀的指责不绝于耳，而且他更担心煤铁计划半途而废，徒费巨款而无寸功，甚至影响其政治地位。他一方面推荐周令锐到荆州"先行探签，一见煤层便须开井。大冶铁矿亦须筹股招商，次第举办"，部分同意了盛宣怀的湖北煤铁开采计划，仍寄希望盛有所突破，另一方面也表示了无力承担煤铁同时开采所需的巨额资金，要盛宣怀通过招商来解决。

招商不如预期，资金不足，加上管理不善，引起了地方的不满，1881年8月上旬，湖北督办李瀚章建议裁撤停办开采一事，李鸿章根据实际情况，给予盛宣怀"实属办理荒谬"的训斥。②

但是，盛宣怀在湖北长达七年的矿务活动，较充分地掌握了湖北各地矿藏的信息，特别是通过矿师郭师敦勘得大冶铁矿的优质铁矿，并及时组织购买了大冶铁矿，这为日后在湖北筹建铁厂奠定了基础。

二、盛宣怀对汉阳铁厂筹建的关注

19世纪70年代，盛宣怀在湖北的矿务很不顺利，广济煤矿煤质不行，不适合机器开采；荆门煤矿因资金不足、管理不善，引起地方不满，不得不被裁撤；大冶铁矿虽然勘得优质铁矿，盛宣怀又以湖北开采煤铁总局的名义购得大冶铁矿山，但陷于资金困难，盛宣怀欲在湖北开采煤铁、筹建铁厂的设想无法予以实施。

---

① 见盛档，《盛宣怀致李鸿章函》，光绪四年四月中旬。
② 见盛档，李鸿章《札盛宣怀》，光绪七年七月二十七日。

　　1881 年 8 月 21 日，李鸿章批评盛"试办武穴煤矿数年，既无丝毫成效，反多累官帑。开采荆煤，未几交金董接手，官气太重，事不躬亲，一任司事含混滋弊。所运之煤竟买自民间，运赴下游各口出售，攘夺民利，以致怨谤迭兴。荆煤既无可采，应即将该局裁撤"，① 就这样，盛宣怀不得不暂时放弃了他心仪的开采煤铁、兴建铁厂的事业。

　　其实，真正能将兴建铁厂的事项提到议事日程，是与中国铁路的建设分不开的。经过相当长一段时间的争论，1889 年 8 月 28 日，慈禧太后颁发了一道懿旨，明确了修建铁路的重要性，并且决定采纳张之洞的建议，修建从卢沟桥至汉口的铁路，派李鸿章和张之洞会同海署负责筹办。

　　为了修建铁路，张之洞提出"宜以积款、采铁、炼铁、教工四事为先"，从筹集资金、开采铁矿、炼铁、培训人员做起，拟定了一个修建卢汉铁路"储铁宜急、勘路宜缓、开工宜迟、竣工宜速"的"四字"方针，认为铁轨等一系列材料的供应，必须通过兴建铁厂来解决。

　　1889 年 8 月 9 日，张之洞被任命为湖广总督，此前他已在广州凤凰岗筹备兴建炼铁厂，由于奉调到湖北任湖广总督，广州凤凰岗炼铁厂被迫终止。但是，他在赴湖北上任之前，只知道"湖北大冶县，向来产铁，该县近省滨江"，为了提前进行部署，1889 年 9 月 21 日（光绪十五年八月二十六日），张之洞电请湖北巡抚奎斌派人去密查。奎斌接到张之洞的电报后，又去电向盛宣怀询问大冶铁矿的情况。10 月 16 日（九月二十二日），盛给奎斌复电："在京奉醇邸面谕查勘大冶铁矿。现派比国头等矿师白乃富赴汉，已抵镇江，到日请派员送往。"奎斌随即又将盛的复电转告张之洞。10 月 25 日（十月初一日），盛宣怀又给广州的两广总督衙门发了一封电报，并告诉张之洞："湖北煤铁，前请英矿师郭师敦勘得，如果开办，仍请原经手较易。在京原荐主赫德面订，保要

---

　　①　盛承懋：《盛宣怀与湖北》，武汉大学出版社 2017 年版，第 63 页。

请时再电英国。"①张之洞赴任湖广总督并且即将筹建铁厂的消息,引起了盛宣怀极大的关注。

张之洞接到盛宣怀的复电后,尚未来得及对大冶予以关注,就传出朝廷中对修建铁路之事有各种非议,于是 11 月 1 日(十月初八日),张给主管海军事务衙门的醇亲王奕𝅘发了一封长电,期望醇亲王不动摇修铁路的信心。11 月 2 日(十月初九日),李鸿章又致电张之洞,说:"……鄂豫直长路,实自公发端也。尊论'四宜',只得如此。筹画开矿,炼成钢条,器款甚巨,岂能各省同开?粤既购机炉、雇矿师,似宜就大冶开办。黔铁难成而运远,断不可指。晋矿佳,惜无主人耳!"李鸿章同时将自己的意见禀告醇亲王奕𝅘:"窃思粤既购机炉,雇矿师,亟应就湖北大冶开勘办理",并强调"西洋开矿至炼成钢轨,节目甚繁,器款甚巨,岂能各省同时并举?多靡费,少实济"。11 月 8 日(十月十五日),醇亲王给张之洞回电说:"阳电备悉,炼铁之论可佩,余均意见颇同。大冶下手,自是正办。"于是,初步定下了开发大冶铁矿的事宜。接着,张之洞致电盛宣怀,要求在他路过上海时,与盛宣怀进行面谈,请盛宣怀详细介绍大冶铁矿的情况。

11 月 11 日(十月十八日),李鸿章又致电张之洞,说:"惟炼铁至成钢轨、铁桥、机车,实非易事。日本铁路日增,至今工料皆用土产,惟钢轨等项仍购西洋,非得已也。粤既购采炼机炉,应运鄂试办。大冶铁质好而无煤,须由当阳运煤乃合用,虽滨江亦稍费事。此外各省产铁处距水太远,难收实效。且无款无人,从何下手?……鄙意并无参差,自愧年衰力薄,不获目睹其成耳。"②李鸿章根据他当年指派盛宣怀在湖北办矿务的经验教训,向张之洞进言,建议他将在广东订购的机炉,运到湖北大冶来开办。

---

① 盛承懋:《盛宣怀与湖北》,武汉大学出版社 2017 年版,第 26 页。
② 以上参见盛承懋:《盛宣怀与汉冶萍》,武汉大学出版社 2019 年版,第 32~33 页。

三、张之洞为铁厂事与盛宣怀面商

1889 年 11 月 8 日（光绪十五年十月十五日），张之洞接到海军事务衙门醇亲王奕譞的"大冶下手，自是正办"电令后，积极进行筹备，为此他一再致电盛宣怀，询问大冶矿藏的有关情况，探讨有关炼铁的问题。

11 月 14 日，张之洞看到李鸿章 11 月 11 日（十月十八日）来电中提出的"大冶铁质好而无煤，须由当阳运煤乃合用"的说法，便致电盛宣怀询问有关情况，在询问中竟还问到了"能否用木炭炼铁"这样的问题。11 月 15 日，盛宣怀回电张之洞，主动提到以下问题："本年派比国矿师白乃富，遍寻近水煤铁相连之矿，本不拘于大冶。因奉邸谕，开鄂矿办汉路较便，复派白乃富赴兴国一带勘煤并勘沿江煤铁，约年内勘完，拟比较地质，选定一处，详细具禀。……可否请缓数月，容矿师查毕，有无比冶、当合算之处，算拟切实条款，禀请核夺。"

盛宣怀回电中所说的"煤铁相连"，比大冶、当阳更合算的地方，实际上是指江苏徐州的利国驿。自 1888 年 9 月 27 日，盛致电李鸿章"拟到外洋请一头等矿师，打算大举勘查和开采五金矿藏"后，不久矿师白乃富就来到中国，协助勘矿，根据白乃富勘矿的情况，盛认为开采江苏徐州利国的煤铁，对修建卢汉铁路来说可能更为合算，所以提出了这个想法。

盛宣怀根据自己的经验，在电报中还提出一些建设性的意见，如："机器均须因地因质"，"西法办矿断无不先定矿地办法而后照图购器者"，指出了办矿必须遵行合理的技术路线，不能随意颠倒程序；他又强调"中国用洋铁少，集资本难，目前只可专注一矿"，应当"计久长，策远大，但期利稳，不虑本重"，一定要先筹集好资金，开煤炼铁才能一气呵成。

对于张之洞关心当阳的煤大冶是否合用的问题，盛宣怀告诉他，当阳的煤虽然路远，却是白煤，不必再炼焦；须造小铁路数十里，并说明了木炭贵而供应不上，炼钢仍应用煤。盛宣怀还再一次提出"如开（大）冶，当应仍请郭师敦，事半功倍"的建议。

11月18日（十月二十三日），张之洞致电盛宣怀："阁下能来沪面商铁事甚好。……缘海署来电，注重先办大冶。"此时，张之洞即将离开广州北上，他打算走水路，经过上海赴武昌上任，借此机会两人在上海会面。当时盛宣怀任山东登莱青兵备道兼烟台东海关监督，这是盛第一次担任道台之职。张之洞作为湖广总督与盛宣怀在行政上没有隶属关系，为此11月24日，张之洞向海军事务衙门报告，鉴于开发大冶铁矿的重要性，考虑到盛宣怀曾对大冶铁矿的资源作过考察，并且又了解湖北煤矿的情况，"拟请代为转奏，令该道至沪一晤，俾得询商大冶铁矿并开煤设厂一切事宜，实于公事有益"。

11月30日，海署复电张之洞，同意将此事禀报皇上，待皇上的旨意下来后，再回禀于你。张之洞当天就将11月24日致海署的原电发给山东巡抚张曜，通报此事，并请转告盛宣怀。张之洞在办铁厂事上对盛宣怀的倚重、盛宣怀对张之洞办铁厂的关注与热心，已经十分明显。三年后，1892年12月3日（光绪十八年十月十五日），张之洞在致李鸿章的信中说："三年前，初议建设铁厂时，盛道曾条上一禀，有慨然自任之意。"张当时已觉察到盛宣怀的意图并对盛留下了深刻的印象，特别是当张之洞为办铁厂"亟须筹定常年成本，计每年需银一百万两"，而心力交瘁时，他开始思考交棒的问题，并想让盛宣怀来接棒。他向李鸿章求援，并特地派了盛宣怀的侄子盛春颐去找盛宣怀与李鸿章，点名要盛宣怀赴湖北招商承办，因李鸿章未允诺，盛宣怀才"须炼成钢铁后始能承领"，致使谈判搁浅。①

1889年12月2日，盛宣怀收到海署命他到上海面商铁矿事宜的电

---

① 以上参见湖北省档案馆编：《汉冶萍公司档案史料选编》上册，中国社会科学出版社1994年版，第120页。

令，12 月 10 日，盛宣怀抵达上海，张之洞也随即抵沪，两人为办铁矿等事宜商讨了数日。盛宣怀对办铁厂有着某种特殊的情感，当年他在湖北广济、荆门、大冶等地开采煤铁时，曾经就提出过"先煤后铁"，"以铁为正宗"的宗旨，办铁厂在当时他就试探与实践过，只是由于种种原因未能继续办下去；此外盛宣怀对湖北的情况十分熟悉，当时他在对煤铁进行勘探、开采、冶炼的过程中，涉及的地域范围相当广，湖北境内的长江两岸，他几乎都跑遍了，而且他还买下了大冶矿山。因此，对如何选择厂址等问题，他都有比较清晰的见解。

盛宣怀在谈到他与张之洞的会面时说："连日蒙湖广督宪张传询铁矿情形"，张除了向盛宣怀了解大冶铁矿、湖北矿务等情形之外，与盛宣怀所商谈的主要议题，一是铁厂是采取"官办"，还是采取"商办"。二是铁厂的选址问题。前一个问题因为意见不一致，没有进一步深入下去，后一个问题，源于清政府已经准备修建卢汉铁路，当时商议提出的设厂地址是"在湖北大冶和当阳，江苏徐州利国、贵州青溪等煤铁产地选择一处开办"。① 盛宣怀因与张之洞的意见不甚相同，之后没有参与铁厂的筹备工作。但是，张之洞答应，在铁厂建成投产后，将会弥补盛在湖北煤矿开采时的损失。

四、盛与张意见相左，不参与铁厂的筹建

1889 年 12 月 18 日(光绪十五年十一月二十三日)，张之洞离开上海后，盛宣怀向北洋大臣李鸿章提交了《筹拟铁矿情形禀》："接奉北洋大臣、山东抚宪电饬，海军衙门奏令赴沪面商铁矿事宜。……"报告中就筹备铁矿提出了四条纲领性的意见：一是"责成"，先行奏派大员一人督办。二是"择地"，除了大冶外，又提出将江苏徐州利国铁矿、煤

---

① 参见吴剑杰：《张之洞年谱长编》，上海交通大学出版社 2009 年版，第263 页。

矿，以及大冶、武昌的铁矿和当阳煤矿与利国矿一起"均归该局开办"。三是"筹本"，在分别阐述了官办和商办两种办法后，明确提出主张商办。估计开办资本至少需银 180 万两，拟招集华商股银 80 万两，并请户部借拨银 80 万两，五年后分十年归还。四是"储料"，为修建卢汉铁路，应先购置制造铁轨的机器，但必须落实经费和期限。报告请李鸿章审核之后，与海军衙门"会奏施行"。这份报告同时也提交给湖广总督张之洞一份。

12 月 20 日，张之洞抵达湖北武昌，随即先后多次致电海军衙门，他在 12 月 24 日的电文中向海署报告："……盛道宣怀到沪，连日晤谈，详加考究。"张之洞也十分关注洋矿师白乃富勘探煤矿的问题，他和盛宣怀商量，派白乃富再到湖北，沿长江上下勘查别的煤矿。他在给海署与李鸿章的电文中说："管见总以煤铁矿距鄂较近者为宜"，明确表达了不考虑开发江苏徐州利国矿的想法。

但是，盛宣怀仍关注着开发利国矿的事，他于 1890 年 1 月 4 日（光绪十五年十二月十一日）致电李鸿章，说："矿师复勘利国二层煤可制焦炭，煤铁相近，自比当煤冶铁近便，据前办利矿之胡光国面议，须给五万两方能了结旧股，移交另办。已派经元善、钟天纬带同华工匠前往估价，俟估议定妥再禀请核夺，以免开办大冶，忌者谓我存私，更免调鄂，诸多为难。惟香帅不甚愿，现又电调白乃富赴鄂矣。"

李鸿章在收到盛宣怀电文的当天，即复电盛宣怀，除简要地复述了张之洞 12 月 24 日电文的内容外，明确告诉盛宣怀："彼既不愿利国，尔俟估议定妥禀夺。开矿以筹款第一要义，巨款从何指拨，海署必不肯分认两处也。"要盛宣怀断了开办江苏徐州利国矿的念头。

1890 年 1 月中旬，张之洞聘请的矿师英国人巴庚生，德国人毕盎希、司瓜兹，盛宣怀派来的比利时人白乃富，以及从广东来的铁路工程师德国人时维礼，先后到达武昌。张之洞与他们分别详谈。由于白乃富已于一个多月前去过大冶、阳新等地，进行了实地勘察。此时，他对张之洞说："大冶铁佳；以理论之，附近百里内外必有煤。如沿江上游宜昌以下有煤，大冶铁亦可炼。"

那一年春节前，张之洞派人陪同这些洋矿师先去大冶，然后溯江而上，沿途至宜昌，专程找煤；同时又委派高培兰、欧阳炳荣、杨湘云、杨秀观等一批候补知县率人进入湖南、贵州，至宝庆、衡州、辰州、青溪等地查勘煤铁。按照张之洞的想法，"如大冶实无煤，或用湘煤炼冶铁，或用湘煤炼湘铁，或参买黔铁"。他致电李鸿章，说："至徐州利国监煤铁，曾与盛道及白乃富议及，矿均可用，但距鄂远，且冬春运河浅涸，似可稍缓，俟鄂必不能炼再议。"对开发利国矿再次明确表示了拒绝。同一天，他也向盛宣怀发了一份电报，直接告诉盛宣怀："现派员赴冶，溯江勘访"；"利国矿诚佳，但远鄂，且运河多涸"。

张之洞、李鸿章都已明确放弃利国矿了，但是盛宣怀还不想就此作罢。1890 年 1 月 21 日（光绪十六年正月初三日），盛宣怀再次致电张之洞，要求让白乃富到下游去找煤矿，又说："闻英德矿师已到，可否令复勘冶、利两矿，早为定议。"他自认为还未定议，仍然不愿放弃利国矿。1 月 22 日，盛又致电张之洞，说应先勘大冶，湖南运输不便、民情顽固，反对去湖南勘矿。

1 月 30 日（正月十二日），盛宣怀给张之洞写了一封信，信中着重回顾了自己督促和率领郭师教亲自勘矿的情况："……下游至广济、兴国，上游至归、巴等处，所见煤矿甚多，煤质无一可炼铁者。宜昌以上，运道尤难，即有佳煤，运费断不合算。况当阳煤质无须改制焦炭即合烹炼之用，无有佳于此者。只因淯溪河驳运繁费，运至大冶，每吨约合银五两，比煤铁生在一处者，每吨煤价须多费二三两，每年约用煤十六万吨，十年计之，多费银子三四百万。"盛宣怀在信中又建议："宜昌之上以及湖南采办，恐更不止五两之价，应请宪台饬白乃富等只需在沿江寻觅，似不必拘定鄂界。凡不通水路处，纵有好煤亦不足取"，并且又提出："职道深知武昌上游沿江并无好煤，可否准令白乃富先勘九江下游"。

2 月 1 日（正月十四日），盛宣怀又致电张之洞，说："大冶一带无好煤，池州、铜陵一带必有好煤"，"运大冶甚便"，要求让白乃富去大通，或者让英德矿师去勘查上游，"腾出白（乃富）勘池州"。对于盛宣怀的建议，张之洞不加理睬，第二天，张复电说："池煤开采有年，闻多而不佳，似可从缓。""白乃富自宜同勘鄂境。"

盛宣怀与张之洞表面上是在争夺白乃富，实际上，真正争夺的焦点，在于张之洞极力要把铁矿、煤矿连同将来的铁厂都抓在自己的手中，将它们限制在自己可掌控的湖北境内。①

当然，盛宣怀与张之洞在办铁厂这个问题上，最大的分歧是究竟采取"商办"，还是"官办"。盛宣怀因为张之洞听不进他的意见，放弃了参与铁厂筹备的打算，还直接把他们的分歧捅到了庆亲王奕劻那里，他在给奕劻的信中说："外洋煤铁矿皆系商办。商办者必处处打算，并使货美价廉，始可以不买他国之铁，以杜漏卮。"②他在另一封信中说："大冶铁矿官办必致亏本，不仅（垫支的）二百万无着"，而且可能还要付出更大的代价。③

五、张之洞允诺对大冶铁矿予以补偿

张之洞与盛宣怀在上海会谈三个月后，1890 年 3 月 12 日（光绪十六年二月二十二日），李鸿章致电张之洞，说："盛道前禀利国矿事，拟暂缓议，候鄂信"，并告知张之洞"鸿二十五起程赴京"。张预计李鸿章将与海军衙门及朝廷研究炼铁的问题，3 月 16 日，他给海署与李鸿章同时发了电文，其中谈到："盛道前在沪具一禀，所拟招商股办铁厂办法与鄙见不甚相同……商股恐不可恃，且多胶葛，与现在情形亦不合。……现决计以楚煤炼楚铁，取材总不出两湖，利国矿只可缓议。所

---

① 以上参见张实：《苍凉的背影——张之洞与中国钢铁工业》，商务印书馆 2010 版，第 197~208 页。

② 见盛宣怀《致庆邸禀》，光绪十六年九月。

③ 见盛宣怀《禀庆邸》，光绪十六年十月。

拟奏派大员一层，尤可不必。"①

张之洞当然知道盛宣怀在办实业方面的能力，如果有盛宣怀的合作，对办铁厂是很有利的。但是张之洞对盛宣怀"商办"的主张是不认可，也不能接受的。他既担心商办征集不到民间资金，又觉得商办很麻烦，"且多胶葛"，担心商办会影响他的掌控权，而且他认为海署已经同意用铁路经费来办钢铁，资金有了来源，所以说"与现在情形亦不合"。此外，铁厂是不是在湖广总督管辖的境内办，也涉及自己的掌控权，江苏徐州的利国驿距武昌与卢汉铁路施工之地甚远，交通运输又不便，那里既是南洋大臣、两江总督的辖区，又是北洋大臣、直隶总督李鸿章的势力范围，在利国办矿，等于交出了自己的掌控权；还有，盛宣怀提出"奏派大员一人督办"，这更是张之洞所不能接受的，如果照此办法，以后"用人立法"，都由此人随时禀告李鸿章定夺，那将会把自己架空，对于一心想在机器大工业、钢铁工业上有所作为的张之洞来说，这是绝对不能接受的。

3 月 22 日，海署与朝廷商量后，致电张之洞，说："盛道管见，应毋庸议"，表达了对张之洞的支持。

盛宣怀的建议被张之洞与海署否定后，尽管盛宣怀不打算参与张之洞铁厂的筹备工作，但他仍然十分关心张之洞的动向。3 月 30 日，盛宣怀在对格致书院学员钟天纬论文的批语中，对该员奉调赴鄂参与筹办铁厂一事非常高兴，说这是"坐而言者起而行，继我未竟之志，殆亦天假之缘也。"②

正当张之洞感到可以轻松上阵时，4 月 24 日，由海军事务衙门的醇亲王奕𝗼与奕劻署名的一份来电，使得张之洞十分愤怒。他们在电文中告知张之洞，最近朝廷两次研商关东的局势，均提及"铁路宜移缓就

---

① 盛承懋：《盛宣怀与近代中国金融和保险》，武汉大学出版社 2022 年版，第 198 页。

② 参见夏东元：《盛宣怀传》，四川人民出版社 1988 年版，第 490 页。

急。先办营口至珲春，续办卢汉"，且说"此时先将今年二百万归鄂，经理炉矿等，明年改归东路"。奕谟等认为卢汉铁路可以缓办，但是建厂炼铁不能停止。奕谟询问张之洞有何意见，经费如何解决？奕谟还告诉张之洞，作为铁路经费的新海防捐，户部收的归海署支配，各省上交的先交给北洋归还 70 多万的津沽路外债。湖北要求将上交的新海防捐留下来办矿，必须得到北洋的同意。奕谟与奕劻的来电，等于给了张之洞当头一棒。

正在张之洞为难的时候，4 月 26 日，张之洞又收到了盛宣怀的来电，向他索要提供大冶铁矿的补偿。电文中说："……今冶矿既归官办，商人垫款屡向宣索，只得具禀请示乞恩。开矿以得地为难，既得佳矿，不患不获大利，西洋有靡巨款而始觅到者，中国亦然。宪台大气包举，为公收利，想亦不肯使商人受累。"①

5 月 20 日，张之洞给盛宣怀回电，电文中承认盛宣怀发现并购买大冶铁矿的"首功"，并答应"拟每年酌提余利若干以为酬劳，尊意拟如何办理，望密示"。

5 月 26 日，盛宣怀回电张之洞，叙述自己为在湖北办矿"徒抱苦心十五年，空赔公款十五万"，并"以此败家"，内心之酸苦，一般人难以想象。之所以提出商办和开发利国矿，实为"招劝华商出资接办，拟每吨煤、铁酌提若干弥补此项，俟弥补毕，仍提捐助赈。嗣奉电谕改归官办，只得议开利国以图补救。华商仅能凑本八十万，又未敢轻动，且虑两矿自相倾轧，不能彼此联络，踌躇未决。伏蒙下询，如可于荆煤按吨提银一钱，冶铁按吨提银三钱，代为弥补，垫赔官本"。

第二天，张之洞给盛宣怀回电，答应盛宣怀在铁厂建成投产后，生产钢铁每吨提银二钱以弥补盛在湖北煤矿开采时的损失，如以年产六万

---

① 以上参见张实：《苍凉的背影——张之洞与中国钢铁工业》，商务印书馆 2010 版，第 210~211 页。

吨计，岁可一万二千两，如果年产在五万吨以下，"即以岁提万金为断"。①

六、张之洞建成规模宏大的汉阳铁厂

张之洞创建汉阳铁厂，是采取先订购机器设备，再进行选址和设计建设，这样的反向程序实际上也是出于无奈。1889年4月9日，他还在两广总督的任上，为在广东兴建铁厂，分别致电驻英国、法国、意大利、比利时四国大使刘瑞芬以及驻俄罗斯、德国、奥地利、荷兰四国大使洪钧二人，请他们代查订购铁厂机器的价目："粤多铁矿，质美价廉，惟开采煎炼未得法，故销路甚隘。请查开铁矿机器全副需价若干？炼铁厂将生铁炼熟铁，将铁炼钢，兼造钢板、钢条、铁板、铁条及洋铁针，并一切通用料件，需用机器约价几何？粤拟设炼铁厂，请详询示复。"②张之洞还蛮有把握地告诉他们："款已筹备。"

刘瑞芬于6月5日回复张之洞："询明炼铁厂炼熟铁、炼钢、压板、抽条机器、炉具各件，价共需英金二万五千十九镑，运保费在外，十二个月交清。每礼拜出铁二百吨。"③之后，张之洞又请刘瑞芬查询英国最大铁厂机器若干副，日可出铁若干吨，刘回复说英厂一炉每礼拜出铁六百吨，张之洞即决定以每日出铁百吨的规模订购铁厂设备。9月11日，张之洞又致电在德国的洪钧："请订熔铁大炉二座，日出生铁一百吨，并炼熟铁、炼钢各炉，压板、抽条、兼制铁路各机器，一切配全。"④

10月2日，刘瑞芬电告张之洞，已向英国谛塞德公司订立合同并付定银，这是张之洞为在广东办铁厂订购的第一批机器设备，此时离8

---

① 以上参见张之洞：《致上海盛道台》，光绪十六年四月初八日。

② 参见《张之洞致使英大臣刘瑞芬与使德大臣洪钧电》，光绪十五年三月初十日。

③ 参见《刘瑞芬致张之洞电》，光绪十五年五月初八日。

④ 参见《张之洞致使德大臣洪钧电》，光绪十五年八月二十三日。

月 9 日张之洞奉调至湖北任湖广总督，已近二个月，显然这批机器设备无法再在广东安身了。

这批设备包括了生铁厂、熟铁厂、炼钢厂、轧钢厂在内的全套设备。主要设备有炼生铁的日产 75 吨的高炉两座、炼熟铁的搅炼炉 20 座、西门士—马丁 12 吨炼钢平炉一座、贝塞麦 5.5 吨的转炉两座，以及两条轧钢生产线，一条是铸锭生产线和钢轨生产线，配备有可逆轧钢机；另一条是薄钢和钢板生产线，配有一座 1800 马力的垂直双向轧钢机。

为张之洞提供设备的厂家，正是若干年前为贵州青溪铁厂提供设备的英国谛塞德公司。比利时郭克里尔厂推荐的高炉工程师吕柏的回忆录称："当张之洞想要通过实施他美好的采矿业和金属开采计划使得中国变得强大起来的时候，他来到了位于米德尔斯伯勒的谛塞德公司，并在那里定购了跟当年在贵州省投入使用的同样的一套冶炼设备。唯一的区别在于，他所定购的设备均按照他的要求加大了两倍的强度。"①

正在此时，洪钧提出了炉型问题，10 月 10 日，他电告张之洞："炼钢二法：曰别色麻（即贝塞麦法），曰托麦旅（即托马斯法），视铁质内磷之多寡，炉亦异制，祈迅饬取晋铁试验。"②10 月 12 日，张之洞给洪钧回电说："炼铁各件，必需速购，炉须兼能炼有磷者，请确询定价早复。……晋铁取送太迟，千万勿候。"但是，之前向英国谛塞德公司订购的未考虑"铁质内磷之多寡"的机器设备，因订金已付，已是无法退掉了。

1890 年 8 月 25 日，海署复电批准了铁厂的选址，铁厂正式定名为"汉阳铁厂"，自此铁厂进入了建设阶段，经过三个月的实地测量和规划之后，铁厂于 12 月 23 日正式在湖北龟山脚下奠基动工兴建。在工程技术上，汉阳铁厂的设计和兴建，完全依赖英国谛塞德公司派来的工程

---

① 参见吕柏：《中国的采矿业与钢铁工业》。
② 参见《洪钧致张之洞电》，光绪十五年九月十六日。

技术人员。

为了保证工程建设的顺利进行，铁厂从广东、上海等地雇用了近千名工人参与施工建设。当时的外方技术人员对这些中国工人十分赞赏："他们手下有八九百名中国工人充当砖匠、木匠等活。那些从事要求更高的工种的中国人，如装配机器、驾驶火车头等，几乎全都来自广州和上海。他们非常聪明，在不到一年之前，他们既不熟悉英文也不懂机器，而他们现在的熟练程度足以证明，只要培训得当，中国人就会显示出很好的能力。"

从 1890 年底至 1893 年底，经过三年的建设，张之洞于 1893 年 11 月 29 日向清廷上奏《炼铁厂全厂告成折》，称汉阳铁厂炼生铁、炼熟铁等六大厂和机器、铸造等六小厂以及烟通、火巷、运矿铁桥、铁路、码头等已全行完竣，机器设备一律安配妥当。①

汉阳铁厂

①　参见方一兵：《汉冶萍公司与中国近代钢铁技术移植》，科学出版社 2011 年版，第 24~28 页。

1893 年 11 月，汉阳铁厂正式建成投产。全厂包括生铁厂、贝塞麦钢厂、西门士钢厂、钢轨厂、铁货厂、熟铁厂等六个大厂和机器厂、铸铁厂、打铁厂、造鱼片钩钉厂等四个小厂。汉阳铁厂创办时，经费预定为 246 万余两，1892 年清政府增拨 42 万两，到建成时，实际支出 560 万两左右。

尽管在选址等问题上有不同看法，但是，汉阳铁厂的建成与投产，事实上为中国近代工业史翻开了新的一页，其历史意义与影响十分深远，汉阳铁厂的创建与张之洞的努力是密不可分的，可以说没有张之洞就没有汉阳铁厂。

七、张因铁厂"心力交困"，急于交棒

朝廷要张之洞修建卢汉铁路，开始答应每年拨款二百万两，于是张之洞认为资金有了保障。可是 1890 年春，他在武昌刚设立湖北铁政局不久，却传来朝廷"铁路宜移缓就急。先办营口至珲春，续办卢汉"的消息，且说"此时先将今年二百万归鄂，经理炉矿等，明年改归东路"，"卢汉铁路可以缓办，但是建厂炼铁不能停止"。这意味着，张之洞要办铁厂，朝廷只能拿出当年的二百万两银子，以后就没有下文了。

为此，张之洞万般无奈之下只得左右腾挪，四处借贷，截留应缴部款，以敷急用。从下列奏折中我们可以看到张之洞当时筹款之艰难及款项的大体来源："臣夙夜焦急，再三筹思，惟有向广东借拨之一法……铁厂本由粤移鄂，（武）营四成报效及银元余款又系臣在粤创办之举，每岁增常款数十万金，今为铁厂仅借用五十万两，开炼钢铁，筹备军实。当务之急，无逾于此。李瀚章公忠体国，轸念时艰，必能设法腾挪，迅速拨解济用，助成自强要举。""该局需用浩繁，前经奏准在枪炮局经费项下腾挪匀拨应用……拟请札饬司局先行设法筹垫银元五万两，以济要需"，"再三筹划，惟有仍由湖北粮道……杂款再借拨银两五万两，又查湖北盐道市尚存有长江水师申平银五万两，事半功倍借拨应

用，以敷原奏之数"。就这样，张之洞东拼西凑，维持着铁厂建设及生产中急需的开支。

1893 年春，郑观应赴长江各口岸，督察招商局各分局，他从武汉返回后即函告盛宣怀说：张之洞"又奏扩拨七十万，仍恐不敷，势要招商承办"。尽管如此，张之洞仍然硬撑了两年多。甲午战败之后，汉阳铁厂的资金更加困窘，已到了山穷水尽的地步。①

铁厂即将建成，朝廷拨给铁厂的建设款项早已用光，而生产资金尚无着落。1892 年 12 月 3 日（光绪十八年十月十五日），张之洞以铁厂《亟须筹定常年成本，计每年需银一百万两》为题，写信向李鸿章求援，随信还开列了铁厂全部工程设备的清单，特地派了盛宣怀的侄子盛春颐，去找盛宣怀与李鸿章，点名要盛宣怀赴湖北招商承办。

张之洞在信中说道："此厂俟成本筹定以后，即须一面奏明开炼，试造轨件及各种钢铁料。至经久之计，终以招商承领，官督商办为主。非此不能持久，非此不能节省、迅速旺出畅销。……拟于开炼后，即一面招商承办。窃思方今有才思、有魄力、深通西法商务者，惟津海关盛道为最。前三年，初议建设铁厂时，盛道曾条上一禀，有慨然自任之意。近日来电，亦仍持官督商办之说。若盛道能招集商股，只需集资数十万，酌缴鄂省挪垫官本，以为归还鄂省暂挪枪炮厂等项之用，即可付之承领。"

通过建设铁厂三年的实践，张之洞逐步悟出"招商承领，官督商办为主"，才是"经久之计"的思绪；之所以请盛宣怀"招商承办"，既考虑其"有慨然自任之意"，又凭其"有才思、有魄力、深通西法商务"，才做出这样的选择。事实上，通过铁厂的建设，张之洞对盛宣怀之前在广济、荆门、大冶等地勘查、开采煤铁，所付出的艰辛有了进一步的认识与理解，对盛宣怀在办轮船、电报及内河航运中所作的成绩刮目相看，知道盛宣怀是一个能办事、办实事的人。

---

① 以上参见盛承懋：《盛宣怀与汉冶萍》，武汉大学出版社 2019 年版，第 59~60 页。

对于张之洞的邀请，盛宣怀也有意邀集华商和洋工程师"赴汉冶各厂、各矿复阅一过，以便将出货成本详细核算"，12 月 13 日，他在给张之洞的回信中转达了与李鸿章商议后的意见："昨与傅相纵论及此，目前若得商人接办，常年运造出货之本，堪以责令自筹现银数十万两，无须官为筹借。至于官本，宜先还鄂款后还部款。用人、理财，责成公司照轮船、电报两局之例，出入账目，一年禀报一次。大宪只持护其大纲，不苟绳其细务，庶可事简而责专，商人或能乐为其难。"①

因为李鸿章未允诺立即承领，盛宣怀才提出"拟招集商股，承领铁厂办理，先集股一百万两，以四十万缴还官本，以六十万作为开炼经费，不足由商自筹，所有营建厂工官本三百余万两，除先缴四十万外，余款分二十年归还，还清后仍报效三十万两，分年呈缴，但须炼成钢铁后始能承领"的条件，② 于是谈判只能搁浅。

坚持"官本官办"模式来办汉阳铁厂的张之洞，厂房设备建成了，但是钢材的产量质量上不去，最关键的是没有合适的煤源支持其长远发展，至于通过办铁厂为修筑卢汉铁路提供优质钢轨的目标，更是十分渺茫，张被搞得"心力交困"。甲午战败后，国库空虚，铁厂的资金无以为继，于是，张之洞打算要交"棒"了。对此，洋商蠢蠢欲动，朝廷不少官员建议招南洋商人接办，盛宣怀则态度鲜明地表明："铁政属洋商，利大流弊亦远，属华商，利小收效亦远"，表示愿意亲自到湖北参与"统筹决策……熟商办法"。③

当张之洞下决心请盛宣怀接办汉阳铁厂后，盛再次表示，必尽力而为，会尽快赶赴湖北，并提出自己接办汉阳铁厂后的初步设想，即钢铁必须大办，炼炉必须推广，"而推广炼炉非另筹佳煤无可为力"，准备

① 参见盛档，盛宣怀《寄鄂督张香帅》，光绪十八年十月二十五日。
② 参见张之洞《铁厂拟开两炉请饬广东借拨经费折》，光绪二十年十月初二日。
③ 参见盛档，盛宣怀《寄江宁恽莘耘观察祖翼》，光绪二十二年正月初六日。

"调开平矿师偕来细勘煤矿"，首先解决煤炭的问题。①

　　盛宣怀在叙述作这项决定的过程时说："铁政不得法，徒靡费，几为洋人得。右铭、松云讽阻，乃属意宣，督饬华商接办，重整旗鼓"，这表明，盛宣怀接到这根"棒"，还是费了不少周折的。

---

　　① 参见盛档，盛宣怀：《复鄂臬恽松云函》，光绪二十二年正月十九日。

第三章　主干线卢汉铁路开建的前奏

一、充分准备，迎接实业发展的新机遇

甲午战败后，1895 年 7 月 19 日，光绪皇帝发出的谕旨中，宣称"当此创巨痛深之日，正我群臣卧薪尝胆之时""……况当国事艰难，尤应上下一心，图自强而弭隐患……如修铁路、铸钞币、造机器、开矿产、折南漕、减兵额、创邮政、练陆军、整海军、立学堂，大抵以筹饷练兵为急务，以恤商惠工为本源，皆应及时举办。至整顿厘金，严核关税，稽查荒田，汰除冗员各节，但能破除情面，实力讲求，必于国计民生两有裨益"，① 并提出救亡图存的六项"力行实政"，把修建铁路置于首位。

10 月 16 日，张之洞响应朝廷提出的救亡图存的六项"力行实政"，说：方今时势日急，外患凭陵，日增月盛，富强之计，首以铁路为第一要图，② 于是上下一致地将修建铁路放上了议事日程。

12 月 6 日，朝廷决定由胡燏棻督办津卢铁路，恭亲王奕譞等人向皇上报告：卢汉铁路仍然是中国铁路的枢纽，先兴建津卢路，实际是为兴建卢汉路打基础。既便于运输铁路建设器材，也有利于招集商股。该

---

① 参见盛承懋：《盛宣怀与汉冶萍》，武汉大学出版社 2019 年版，第 91 页。
② 参见张之洞《铁厂煤矿招商承办截止用款片》，光绪二十一年八月二十八日。

年冬季，光绪皇帝发布谕旨，认为卢汉铁路亟当举办，命直、鄂二督王文韶、张之洞会筹，两人酝酿后皆认为盛宣怀堪胜此任。①

光绪皇帝的谕旨，意味着中国即将迎来铁路建设的高潮，张之洞认为这为盛宣怀接办汉阳铁厂，增加了一个重量的砝码。

甲午战败，促使盛宣怀痛定思痛，并逐步形成了他"练兵、理财、育才"治国三大政的思想，他认为当务之急也是他力所能及的是办学，抓紧为国家培养人才，于是，1895 年秋他开办了北洋大学堂，1896 年春又在上海筹建南洋公学。

甲午战败之后，朝野上下欲"图自强而弭隐患"的声浪一浪高过一浪，而盛宣怀创办实业所取得的业绩，使他的声望越来越高，他也感知朝廷将会交给他更重的任务，他对"广制造，兴矿政"，大力发展新兴的工商实业，有了更高更长远的期许。

由于受战事影响，盛宣怀所督办的轮船、电报两局之前处于战事状态，现在战局已定，必须抓紧做好善后，准备迎接新的机遇与挑战。

1895 年 6 月至 7 月，盛宣怀命轮船招商局"将去年'明卖暗托'于德、英等国洋行企业的招商局二十艘轮船全部收回"，要求轮船招商局所有的轮船都挂自己的旗帜航行，大量揽载沿途的客货。8 月 17日，他又致函郑观应说："自七月十三日起仍照局、怡、太三公司齐价合同办理，以免猜忌争衡。换旗讼师费每船应照章五十两"，强调在目前的局势下要防止与外商恶性竞争。1896 年 4 月 27 日，盛宣怀电直督王文韶，禀报自己正"沿江查察各招商分局，今日到汉"，要求各分局齐心协力，多多揽载客货。为了保障电线架设工程的顺利进行，1896 年 12 月 17 日，盛宣怀与日本商人永原壮二郎签订了购买电线等供货合同。

对于由他负责重建的华盛纺织总厂，为了保证生产的正常运行，

---

① 参见夏东元：《盛宣怀传》，四川人民出版社 1988 年版，第 501 页。

1895 年 5 月 1 日，他与美国技师哈顿、威林顿续订了雇用合同。总之，盛宣怀很清楚，要实施"练兵、理财、育才"三大政，首先必须让自己经办的实业正常运转，只有企业能源源不断地创造财富，才有可能去做其他的事。

尽管此时已不在矿业任上，但他始终关注着国家的矿权，不让其落入外人手里。1895 年 12 月 27 日，他电告王文韶：观音山矿苗胜于漠河，如家有窖藏，强邻觊觎。建议宜速抢挖，归漠河矿厂并办。

回想起 1879 年 11 月，李鸿章召集盛宣怀商议商务时，盛宣怀曾向李鸿章建议，由于办铁路牵涉面太大，受到的阻力也大，只能适当放缓，通过甲午战争，中国惨败的教训，盛宣怀此时对修筑铁路于救亡图存的作用与影响，已经有了根本的转变，他已经暗下决心要承担起督办修筑铁路的重任。

朝廷刚传出要盛宣怀担当修建卢汉铁路大任的消息不久，此时他又得到张之洞要其承办汉阳铁厂的电讯。1896 年 2 月 23 日，"张之洞有意要盛承办铁厂，盛电告张之左右手恽莘耘表示：愿承办铁厂，拟于下月送李鸿章出洋后，到鄂勘议。如张之洞意定，必当竭力为国家筹计远大，决不存丝毫私见"。3 月，刘坤一赴江宁，商议新政条陈，随后张之洞约其前往湖北，商议铁路、铁厂等事，不久上奏朝廷由盛宣怀接办湖北汉阳铁厂，任铁路总公司督办。

二、卢汉铁路开建前盛宣怀关注的问题

朝廷要修筑铁路，盛宣怀认为第一个遇到的问题是西方列强必然要来争夺办铁路的利权。于是，1896 年 4 月 27 日，盛宣怀向直隶总督王文韶陈述办铁路的方针时，强调"权自我操，利不外溢，循序而进，克期成功"，表明了他在办铁路上，中国人应自己掌控利权的立场。

甲午战争失败后，国库空虚，如何筹集修筑卢汉铁路的款项，清

政府的倾向是以"洋商入股为主脑"，李鸿章也认为"洋债不及洋股容易"，① 均认为以招洋股为宜。1896 年 5 月 9 日，盛宣怀在致王文韶的信函中则认为："所议借洋债与招洋股，大不相同。若卢汉招洋股，鄂、豫、东、直腹地，原不至遽为所割，但此端一开，俄请筑路东三省，英请筑路滇、川、西藏，法请筑路两粤，毗连疆域，初则借路攘利，终必因路割地，后患无穷，是何异揠苗助长！若借款自造，债是洋债，路是华路，不要海关抵押，并不必作为国债，只需奏明卢汉铁路招商局准其借用洋款，以路作保，悉由商局承办。分年招股还本，路利还息，便妥。"②盛宣怀一针见血地指出，西方列强此时正企图通过"入股为主脑"，来夺取我们的路权。

张之洞赞成盛宣怀的意见，他说："惟有暂借洋债造路，陆续招股分还洋债之一策，集事较易，流弊较少。盖洋债与洋股迥不相同，路归洋股，则路权倒持于彼，款归洋债，则路权仍属于我。"③经过再三考虑，盛宣怀决定"无论议借何国路债，必须先用华款，后用洋债"。因为先用华款自造，造成一段、用路作抵押，可以免去苛条，"庶可权自我操，不致贻后来无穷之患"。④

盛宣怀很清楚攸关铁路路权这样的涉及国家核心利益的大事，不是朝廷某一个部门、某一名官员可以擅自做主的，必须由皇上亲自来拍板决定，因此要让其督办铁路事宜的话，就非得给予他与皇帝对话之权不可，不然，事情就很难办。

盛宣怀关注的第二个问题是卢汉铁路钢轨的筹备问题，他很清楚这么长的一条干线所需的钢轨，不应该也不可能靠进口来解决，必须依靠

① 参见盛宣怀：《愚斋存稿》，（台湾）文海出版社 1963 年版，卷 24，第 27 页；卷 25，第 10 页。

② 参见盛档，盛宣怀《寄王夔帅》，光绪二十二年三月二十七日。

③ 参见张之洞：《卢汉铁路商办难成另筹办法折》，光绪二十二年七月二十五日。

④ 参见盛档，盛宣怀《密陈筹办卢汉路次序机宜折》，光绪二十三年三月。

中国人自己的铁厂生产合格的钢轨来解决。

1896 年 5 月 14 日，奉张之洞札委盛宣怀督办汉阳铁厂，他将铁厂改归商办，聘郑观应兼任总办，加强整顿。同日，盛宣怀禀复张之洞："中国办事最易分歧，万一铁路所用钢轨等件，仍欲取材于外洋，使华铁销路阻塞，商局何能挽回。"届时如果出现这种情况，请准其停工发还华商资本，仍归官办。

1896 年 5 月 15 日，盛宣怀与人书：铁政不得法，徒靡费，几为洋人得。张之洞属意宣，意甚坚，"若一推让，必归洋人"，故接办。5 月 16 日，他认为铁厂聘用洋人 36 名，不务实。从上可知其整顿之难，更难于当年之招商局。5 月 24 日，汉阳铁厂总办郑观应到任。6 月 21 日，盛宣怀由鄂厂回沪。7 月 23 日，盛宣怀致恽莘耘函，向其说明铁厂布置尚未调妥，内部情况复杂，办钢铁业极为艰难，路轨必须与之相辅而行。①

盛宣怀关注的第三个问题是为修筑卢汉铁路、督办汉阳铁厂，必须抓紧筹办中国人自己的银行，以缓解资金的困难。

1896 年 7 月 27 日，盛宣怀在禀王文韶、张之洞的文中指出："铁路之利远而薄，银行之利近而厚。华商必欲银行铁路并举，方有把握，如银行权属洋人则路股必无成。闻赫德觊觎银行，此事稍纵即逝"，也即"银行铁路应一气呵成，将铁路、银行统于一手"。

1896 年 8 月，盛宣怀又向政府提出开办银行的意见，认为开银行可以流通上下远近之财，振兴商务，为天下理财一大枢纽，故欲富民必自银行始。同月，他写就《铸银币意见》，认为：铸一两重的银元可以"徐禁他国银币不准通用，实系塞漏卮之一端"。11 月 1 日，盛宣怀向朝廷上《条陈自强大计折》，陈练兵、理财、育才三大政，及开银行、设达成馆诸端。11 月初，他又上奏《请设银行片》，说银行流通一国之

① 以上参见夏东元：《盛宣怀传》，四川人民出版社 1988 年版，第 501~502 页。

货财，以应上下之求给，比之票号、钱庄要好。英、法、德、俄、日本之银行推行来华，"攘我大利"，近年中外士大夫亦多建开设银行之议。现又举办铁路，造端宏大，中国非急设银行不可，否则"无以通华商之气脉，杜洋商之挟持"。

1896 年 11 月，盛宣怀正式筹办成立中国通商银行，先集商股 250 万两，招商局集 80 万两。①

三、督办铁路，取得"专折奏事特权"

甲午战争失败，《马关条约》签订，面对日方的巨额赔款，清廷十分无奈，光绪皇帝遂"下诏自强"，责成开销巨大的汉阳铁厂及其他洋务企业招商承办。1895 年 7 月 19 日，光绪皇帝提出救亡图存的六项"力行实政"，朝廷上下把修建铁路置于首位。盛宣怀同其他官员一样也将修建铁路当做头等考虑的大事。

之前，为了修筑卢汉铁路，清政府曾允诺每年拨款 200 万两白银作为修路之用。每年 200 万两银子，对于生产铁路所需的钢轨以及修筑铁路这样庞大的工程，无疑是杯水车薪，然而，清政府仅仅拨了一年款，就因东北局势紧张，停止了拨款，下令"移卢汉路款先办关东铁路"。《马关条约》签订后，清政府又决议要兴建卢汉铁路，但是之前所遇到的难题，不仅一个都没有解决，反而又增加了对日本的巨额赔款，修筑铁路变得难上加难。

面对这种困难，盛宣怀并没有退缩，因为，他清楚地认识到，此时朝廷的决心基本已经下了，在这个大前提下，如何去实现，那就事在人为了，应该说此时是修筑铁路的大好时机。

1896 年 7 月 27 日，盛宣怀在给王文韶、张之洞的报告中说："铁

---

① 以上参见夏东元：《盛宣怀传》，四川人民出版社 1988 年版，第 502～503 页。

路之利远而薄，银行之利近而厚。华商必欲银行铁路并举，方有把握。"他认为将铁路、银行通盘考虑，有利于实现上述目标。1896年9月2日，张之洞、王文韶第三次奏请清政府修筑卢汉铁路，并力保天津海关道盛宣怀督办该路。张之洞向清廷推荐"由盛宣怀督办铁路最为适当。因盛兼商业、官法、洋务三者之长"。

10月初，盛宣怀进京面递《拟办铁路说帖》，详细陈述了设立铁路总公司，采用商股、官股、官款、洋款并举的方式筹集资金，先建卢汉铁路，以后苏沪、粤汉等铁路也按上述方法修筑，不再另设公司的意见。这份"说帖"被总理衙门原封不动地加以批准。10月19日，光绪帝召见盛宣怀，"奏对一时许。府君(指盛宣怀)敷陈大旨，谓皇上深维至计，创兴南北铁路。顾铁路所以速微调、通利源，为自强之一端。非干路既成，即可坐而俟其强也"。① 光绪帝听后为之动容，说诸臣皆不知之，患在因循耳。1896年10月20日，盛宣怀奉命"以四品京堂候补督办铁路总公司事务"，并被授予"专折奏事特权"。

盛宣怀认为："中国幅员广袤，边疆辽远，必有纵横四境诸大干路，方足以利行政而握中枢。"他十分赞同张之洞"宜先择四达之衢，首建干路以为经营全局之计，以立循序渐进之基"的自卢沟桥经河南达湖北汉口的卢汉铁路。

卢汉铁路(即京汉铁路，由于民国时期，北京称为北平，所以它又被称为平汉铁路)是甲午中日战争后，清政府准备自己修筑的第一条干线铁路。

盛宣怀有了"专折奏事特权"，下决心大干一场，他以湖北武汉为中心，想把中国的北方与南方紧紧地连在一起。1896年11月16日，盛宣怀驰抵天津，与直隶总督王文韶商议，决定设立铁路总公司于上海，天津、汉口设分局，由此他开始了历经十年督办卢汉铁路修筑的历程。

---

① 参见盛同颐等：《杏荪公行述》，《龙溪盛氏宗谱·附录二》，2011年修订。

1897 年 1 月 6 日，铁路总公司成立于上海，盛宣怀向皇上奏明先造卢汉干路，其余苏沪、粤汉次第开造，不再另设公司。

四、督办汉阳铁厂，铁厂改归"商办"

当年，盛宣怀虽与张之洞的意见不同，而没有参与汉阳铁厂的筹建工作，但还是一直关注着它的进展情况，不断地通过一些人探听铁厂情况，并作了一旦铁厂办不下去，将如何去接办的思想准备。

1893 年春，郑观应从武汉返回后即函告盛宣怀说，张之洞"又奏扩拨七十万，仍恐不敷，势要招商承办"，建议盛宣怀，"如欲接办"，"宜先寻有好煤矿，可炼焦炭，将化铁炉移于大冶铁矿山左右，可省运费，焦炭价廉方可获利"，① 可见当时盛宣怀、郑观应对承办汉阳铁厂，已经有较充分的酝酿了。

1896 年 5 月 14 日，张之洞正式发出委任盛宣怀为汉阳铁厂"督办"的公文，公文中说："盛道才猷宏达，综合精详，于中国商务工程制造各事宜，均极熟习，经理商局多年，著有成效。因该道从前曾有承办铁厂原议……"②自然，由盛宣怀来接办汉阳铁厂，是最合适的了。

盛宣怀从张之洞手中接办汉阳铁厂，意味着他可以按照自己"商股商办"的主张来行事了。但是，他从张之洞手中接过这根"棒"，同时，也将张之洞已用于铁厂的官款作为铁厂的债务接管了下来，铁厂"所有已用官款五百余万，责成商局承认。所出生铁，每吨提抽银壹两归还官款"，③ 盛宣怀一接办汉阳铁厂，身上就已背负了沉重的债务。

---

① 参见盛档，郑观应《致招商局盛督办书》，光绪十九年二月。
② 参见张之洞《札委盛道督办汉阳铁厂》，光绪二十二年四月初二日。
③ 参见吴伦霓霞、王尔敏：《盛宣怀实业函电稿》（下），香港中文大学 1993 年版，第 828 页。

五、郑观应出马，大力整顿铁厂

在接到张之洞的公文后，即 1896 年 5 月 14 日，盛宣怀就正式接办了汉阳铁厂。汉厂改归商办，盛宣怀并聘任郑观应兼任总办。5 月 24 日，郑观应正式到任。盛宣怀在铁厂主持了差不多两个月的工作，6 月 21 日，他由铁厂回沪。

卢汉铁路即将开建，急需筹备大批合格的钢轨，而盛宣怀、郑观应发现汉阳铁厂要解决的问题很多，如缺乏焦炭，生铁厂产量、质量都不行，钢轨厂不能生产所需要的钢轨等。

高炉炉长吕柏还向盛宣怀提出生铁含磷的问题，指出从成本考虑，铁厂应多用萍乡焦炭，但其含磷重，只能选择含磷少的铁矿配合炼制，才能炼得合适的贝塞麦生铁，并对铁厂未能正常对焦炭和矿石进行化验和分类表示不满，他说："料质到厂，务当从实照常化验，则深知料质，可以参配下炉，照常出铁。……自去年开炉之后，日间尚未照常化验铁质以及各种料质，如矿土、焦炭等类。"①

类似的问题还有很多，要解决所有这些问题，并非在短时间内就可以完成的。比较容易推行的，便是改善厂内管理，提高工人的工作效率，减少人为的失误和浪费。盛宣怀依靠郑观应从三方面对汉厂进行整顿。

第一，在管理方面，从整顿华匠入手，裁减工作表现欠佳的工人，以节省厂方的管理费用和工资开支。当时华工匠头都依附于洋匠势力，华匠的表现一直是由洋匠来给出评价的。为了顺利进行裁减工作，盛宣怀直接向洋匠总管德培布置，要求其配合郑观应的整顿，这得到了德培的配合，不但同意协助裁减工作，而且表示一旦华匠技术成熟时，可再删减洋匠，节省汉厂经费。对于仍然留职、没有被辞退的工人，则加强

---

① 参见盛档，《吕柏致盛宣怀函》，光绪二十三年二月。

日常的考核，改变以往组织松弛、工作散漫的状况，以提高工作效率。

为了加强对厂内的管理，经盛宣怀同意，郑观应把厂内事务分为总银钱所、支应所、煤炭所、钢铁所、翻译所、监工所、材料所、案牍所、转运所、砖石所、工程所、巡查所等 12 个部门，各部门负有专责，初步建立了一个科学的管理系统。

对铁厂以往所聘的洋匠，采取以岗选人的办法进行调整，盛宣怀、郑观应对这些外籍技术人员，既不认为他们都货真价实，也不认为他们都一无是处。如发现总管德培没有本领、不会计划，还不能与生铁炉的技术人员合作共事，遂对其降职使用。盛宣怀根据调查，最终决定汉厂只需聘用 14 名外籍技术人员，将应需聘用人员岗位的清单交总办郑观应，由郑对现有的人员进行考核甄别，可用者尽可能留下。最终汉厂聘用的外籍高级技术人员减少为 14 名，为汉厂节省了一大笔经费；与此同时，汉厂千方百计寻觅有能力的国内技术人才，积极培养自己的人才。

汉阳铁厂的外国专家

资料来源：吕柏：《中国的采矿业与钢铁工业》

第二，针对燃料不足的难题，盛宣怀要求郑观应着力解决。郑观应对汉厂所需的煤和焦炭分别作了计算，得出煤的供应与质量基本能得到保证，关键是焦炭的问题。于是，他对焦炭的需求与供应作了认真的调查，从需求看，化铁炉需 6175 吨、贝塞麦钢厂需 1050 吨，总计需 7275 吨；而从供应看，厂内存有 3000 吨、预计能交货的为 2370 吨、预计能筹到的有 2000 吨，总计可供应 7370 吨，供应比需求还多了 95 吨，似乎焦炭的需求与供应不成问题。但事实上，厂内存有的焦炭只有 3000 吨，其余的 4370 吨，都只是预计之数，不一定可靠，特别是准备预筹的 2000 吨，更无法保障，可见焦炭的缺乏十分严重。

与此同时，郑观应对汉厂焦炭的来源作了认真调查，得出供应汉厂焦炭最多的是距离较远的开平煤矿与萍乡煤矿，占比为 67.16%，距离较近的马鞍山、郴州与厂内砖窑的，只占 17.91%，西洋焦炭占了 14.93%。从生产成本来看，无论开平、萍乡或西洋焦炭，运输的费用都很大。其中开平焦炭的质量较合适，但是，长久使用它，终究不适宜，因为价钱贵且运输困难。至于西洋焦炭与日本焦炭，虽然质量有保证，但终究不是长久之计。

针对汉厂先前建造的一批焦炭炉已形同废物的现状，郑观应建议将萍乡的煤运至马鞍山，与那里的煤混合起来炼焦炭，提出"萍七马三"和"萍马各半"的设想，希望不让焦炭炉闲置。结果，炼出来的焦炭仍然不适合化铁炉所用，焦炭炉只能停用，山上开采的煤，专供机器使用。1896 年 12 月 3 日，盛宣怀告张之洞："炼钢需煤，现开平焦炭供不应求，不得已另派干员赴萍乡设炉，采煤自炼。此铁厂生死关键，势难全徇人情。"①

为了解决焦炭问题，郑观应听取了德培的意见，将其他地方的煤运到汉厂来炼焦，这一可节省水脚、二不易碰碎成屑、可保证焦炭的质量，三是将炼焦所产生的余气，用于锅炉，提高利用率。于是，郑观应

---

① 参见盛档，盛宣怀《寄王夔帅》，光绪二十二年十月二十九日。

决定利用萍乡的煤来炼焦，把汉厂的焦炭炉加以改造，以增加出焦炭数量。但当时萍乡的生产条件有限，郑观应想派矿师前去勘查，以增加煤的供应，尽管当时没有立即执行，但为日后的开采作了准备。

第三，在生产方面采取积极有效的措施。针对原先生铁产量少，郑观应从资金能力实际出发，添加部分设备，提高原有化铁炉的效能，增加了生铁的产量；对于质量不稳定问题，从便于入手的事做起，吕柏向盛宣怀反映"化学所未能如法化验"的情况后，盛宣怀指示郑观应立即采取措施，确保高炉的每批料质得到认真化验，使质量得以改善。盛宣怀还致信郑观应："记得纱帽翅所开之铁，含磷甚少，请阁下迅速致函赖伦"，想从源头上解决含磷太重的问题，但是从整体上说生铁的质量仍不理想。

为了维持熟铁厂的经营，盛宣怀决定生产市场上流行的熟铁货和铁钉，并计划在上海销售。针对生产中存在的问题，郑观应组织工匠对熟铁炉进行改造，节省用煤将近 40%，大大减轻了成本。后来熟铁厂又改为承包经营，通过减少华匠、降低成本、加强管理，将原先生产熟铁条的成本由每吨 115.88 两，降至 60.26 两，最终降为 50.25 两，较原先减少了 57%。

生产合适的钢轨，必须有足够的轨轴，经盛宣怀同意，郑观应先后向英国梯山厂订购多对轨轴，以应需要，并且聘请洋匠负责管理，确保生产。1897 年 3 月，汉厂开始可以接受卢汉铁路的订单，轧造六十磅钢轨一千吨，并着手承造吴淞铁路所需的钢轨、鱼尾钢片、螺丝钉、枕木钉等。炼钢亦随之由每日八九炉增至十炉。①

盛宣怀还十分关注铁厂产品的市场销路。他说："中国不患弱而患贫，不患在下占在上之利，而患洋人占华人之利。"铁厂的市场销路，主要是为铁路供给钢轨。他在接手铁厂之前，一再跟张之洞明确，钢轨

---

① 以上参见郑润培、李航：《郑观应与汉阳铁厂的营运》，第二届汉冶萍国际学术研讨会论文集，第 121~123 页。

必须由汉阳铁厂来制造，他说，铁厂"非支持不能推广，非推广不能持久，实一定不移之理。惟中国办事最易分歧，万一铁路所用钢轨等件，仍欲取材于外洋，使华铁销路阻塞，商局何能挽回"，如果不能保证钢轨由铁厂来制造的话，那时应"准其停工发还华商资本，仍归官本"。①此外，他又上书直隶总督王文韶，请他帮助敦促各制造局所需的钢铁，也到汉阳铁厂这里来购买。在他的努力下，基本得到了各制造商的承诺。

郑观应自 1896 年 5 月上任，至 1897 年 7 月离职，时间只有一年多，他是汉厂从"官办"到"官督商办"转型时期的总办，凭着他在洋务运营中的经验，加上对汉厂问题研究的深入，已经把握住了汉厂问题的所在，针对厂内存在的主要问题，做出了应变改革，他对汉厂的转型起了重要的作用，使盛宣怀接办的汉厂取得了明显的成效。

外国专家住宅

---

① 参见盛档，盛宣怀《禀庆邸》，光绪十六年十一月十六日。

郑观应离开后，总办的职位改由盛宣怀的侄子盛春颐接任，然而后人总是感到有些惋惜，要是郑观应任职的时间再长一些，汉厂经营的成效一定会更加可观。

六、因铁厂而办铁路，因铁路而办银行

鸦片战争后，根据中英《南京条约》，上海等五个中国东南沿海城市被辟为商埠。1847 年，英国丽如银行率先抢滩上海。在随后的 60 多年中，以英国资本为主导，包括法国、德国、日本、俄国、美国等国资本在内的 20 多家银行陆续在上海登陆。当时中国金融的格局主要变成由外国银行和本国的钱庄、票号等组成。而钱庄受制于外国银行，票号则无法独立运行，更无法与外国银行相抗衡。其中比英国丽如银行开行晚了近 20 年的汇丰银行，更是风头十足，一时间在上海金融界呼风唤雨，不可一世。中国金融的命脉逐步被外国银行所主宰。

以汇丰银行为代表的外资银行在晚清时期的发展，起到了引进大量境外资金、推动金融机构的产生发展、促进金融市场发育成长的作用，但是，也产生了不少弊端，如外资银行不受中国法律的制约，不接受中国政府的监督检查，且擅自非法在华发行纸币。这不仅侵犯了中国的货币发行权，而且搅乱了中国的金融市场，阻碍了中国币制统一的进程。

外国银行在中国的迅速扩张，以及对中国经济的压力，深深地刺激了国人自办银行的决心。

1895 年，当清政府为《马关条约》向日本赔款二亿两白银而在国内筹款时，曾问计于盛宣怀，他很明确地回答，中国要发展经济、筹措赔款，就应该抓紧开办银行。

1896 年 2 月 23 日，"张之洞有意要盛承办铁厂"，10 月 20 日，盛宣怀又奉命"以四品京堂候补督办铁路总公司事务"，在盛宣怀即将要承担铁厂、铁路这两项有关国家振兴图强、有关国计民生的最重要的实业时，他反复思考：钱从哪里来？国库空虚、赔款累累；向外资银行伸

手，除了高利息，还附带很多其他条件。于是，他自然将铁厂、铁路、银行三者联系起来考虑了。他在给张之洞的信中说，"铁路之利远而薄，银行之利近而厚。华商必欲银行铁路并举，方有把握，如银行权属洋人则路股必无成"，也即"银行铁路应一气呵成"，将铁路、银行统于一手。①

为了说服清政府同意开办中国自己的银行，他于1896年8月起草了《开银行意见》，认为"开银行可以流通上下远近之财，振兴商务，为天下理财一大枢纽"，故欲富民必自银行始，诚恳地向政府阐明银行开办后，对社会经济等各方面的作用与影响。同月，他又写就《铸银币意见》，认为铸一两重的银元可以"徐禁他国银币不准通用，实系塞漏卮之一端"。

1896年11月1日，盛宣怀上《条陈自强大计折》，陈练兵、理财、育才三大政及开银行、设达成馆诸端。11月初，又上奏《请设银行片》，在奏折中，分析了当时国家的金融形势，强调了中国办自己的银行的迫切性。

11月12日，光绪皇帝下诏，命盛宣怀"选择殷商，设立总董，招集股本，合力兴办，以收利权"，着手筹办银行。当日，军机处面奉谕旨：银行一事前交部议，尚未定局。昨盛宣怀条陈有请归商办之议。如果办理合宜，洵于商务有益，著即责成盛宣怀选择殷商，设立总董，招集股本，合力兴办，以收利权。盛宣怀听后随即就行动起来了。

盛宣怀为国家的振兴图强，提出了"练兵、理财、育才"的治国大政，但是他清楚，在培养人才的前提下，现在最需要解决的是资金问题，办银行如此，办铁路、铁厂也同样要解决资金困难问题。

七、铁路总公司受到官绅与列强的强烈抵制

1897年1月6日，铁路总公司在上海成立，随即盛宣怀就遭遇各

---

① 见盛档，盛宣怀《致鄂督张香帅》，光绪二十二年六月十六日。

种困难。

盛宣怀本来可以按部就班地办理卢汉铁路的建设事宜，但是他在督办卢汉铁路之外，还督办包括苏沪铁路、粤汉铁路在内的中国最具商业价值的东南铁路，加之他继督办铁路总公司之后，又奉旨招商开办银行，这引发了中国官绅以及在华列强的强烈反对和抵制，成为他们反对与抨击的缘由。

江浙商人林崐与陈季同（福州船政学堂毕业生、长期任职于中国驻欧洲使馆等职，1891 年归国后任职于北洋海军，1895 年曾参与台湾抵抗日本割让运动）等维新活跃分子先前曾在沪设立"大中公司"，为抵制盛宣怀督办苏沪铁路，他们向江督刘坤一提出申办苏宁铁路。他们的抵制活动得到 1895 年北京强学会活动的中坚人物、时任户部郎中兼军机章京的陈炽的支持。

除了陈炽等维新派活跃分子的反对和抵制外，还有京外多名官绅赴铁路总公司要求分造苏沪铁路、镇宁铁路、杭州等地铁路，并请求卢汉铁路全用官款官办，而苏沪铁路、粤汉铁路等由商人专办。如若公司不批准，他们将赴京向总理衙门请求代奏等。

面对国内官绅的反对和抵制，盛宣怀只得改变原先确定的"必须先借官债千万，赶紧造轨，分道开工。俟造成轨道一段，再向洋商贷借一款。拟以实抵，不作空欠"的卢汉铁路筹款计划，而将借洋债和招集商股的事情提前进行。

盛宣怀督办的铁路总公司拥有对苏沪铁路、粤汉铁路等路的筑路权，这同样遭到美国、英国、比利时、法国和德国等国的不满和嫉恨。如美国国会上院议员华士宾等人，一面向李鸿章告状，一面又通过驻华公使田贝向美国国务卿告状，认为盛宣怀对他们没有"公平对待之意"。与此同时，英国在沪报纸《北华捷报》等西方列强的报纸，纷纷刊出各国官商抨击盛宣怀的文章。

特别是在盛宣怀任职津海关道期间与其有过合作，此时任职天津海关税务司的德璀琳，此时亦置国家利益而不顾，在《北华捷报》上大肆攻击盛宣怀。

其实，自 1896 年下半年，当中国国内的官绅与在华列强的官商都在竞争卢汉铁路的承办权时，德璀琳于 8 月 28 日"携有仿照海关制度管理中国铁路的计划"返抵德国，与包括英资汇丰银行在内的多家银行交涉铁路借款，并向英国驻德大使鼓吹中国的铁路计划。一时间，德璀琳的计划在欧洲被广泛关注，甚至在 10 月德国皇帝还单独接见了他。当时，正是李鸿章访问欧美即将结束返回北京之际，李鸿章在美国致函德璀琳，要其立刻返回中国，愿与其讨论他的铁路和银行借款计划。

但是，清廷谕令盛宣怀督办铁路总公司，致使德璀琳"仿照海关制度管理中国铁路的计划"搁浅，并终无实现的机会，德璀琳于是按捺不住内心的失落与愤恨，对盛宣怀进行肆无忌惮的恶毒的人身攻击，《北华捷报》上出现他抨击盛宣怀的文章也就不足为奇了。

据当时与德璀琳同在海关而熟知他为人的马士回忆说："一八九七年九月，德璀琳采取了一个史无前例的步骤，竟然用他自己的名义递给总理衙门一个禀帖：建议仿照洋关的先例，组织一个矿务铁路总局……关于铁路事宜，他告诫总理衙门应特别提防比利时……他也提出防范盛宣怀的警告……我们不能设想德璀琳递这个禀帖给总理衙门，而他的后台老板，即当时任总理衙门大臣之一的李鸿章，事前会不知情，而且没有给予可能的支持。"按照马士的观察，德璀琳仿照海关的组织样式，在中国建立"矿务铁路总局"的背后有李鸿章的支持。

由此可见，盛宣怀督办铁路总公司，其周边国内外政治环境的险恶，甚至其几十年视作恩师的李鸿章，对其所办事情亦有搅局之举动，这是盛宣怀不敢相信、一时难以接受的。由于盛宣怀从张之洞手中接办汉阳铁厂，进而得其支持督办铁路总公司，从表面上看盛宣怀与张之洞的关系一时走得较近，这自然引发长期以来作为张之洞政敌李鸿章的不满和醋意。

　　由列强官商对盛宣怀的攻击，可知 1895 年后列强竞争铁路修筑权的激烈，盛宣怀要在中外官商的反对、抵制和竞争中完成对卢汉铁路等各路的建设，绝非易事。①

---

　　①　以上参见易惠莉：《盛宣怀评传》(上卷)，江苏人民出版社 2012 年版，第 384~389 页。

第四章 卢汉铁路建设资金的筹措

一、盛宣怀的铁路筹款主张

修筑铁路最大的问题是资金的筹措问题，甲午战争失败，国库空虚，朝廷拿不出钱，张之洞、胡燏棻、刘坤一等朝廷大员先后上折，提出各自的筹款办法，朝廷决定采纳胡燏棻的商办主张，并于1896年12月6日发布上谕："各省富商如有能集股至千万两以上者，著准其设立公司，事归商办，一切赢绌，官不与闻。"但华商对政府商办铁路的响应并不积极。"铁路招股，遵谕宣布，沪商尚无入股。电询粤商，亦无应者。"原因是"无一定之章，无共事之权……如招商、电报局皆官权重而商利轻，以故各怀观望"。①

盛宣怀主张的筹款顺序是先官款，次洋债，后商股，同时盛宣怀寄希望通过筹办银行、集商股来解决一些问题。

为解决卢汉铁路的建设资金问题，盛宣怀在王文韶、张之洞的保荐下，到总理衙门呈递了《拟办铁路说帖》，提出"由铁路总公司募集4000万两，其中先募商股700万两，入官股300万两，借官款1000万两，借洋债2000万两的筹款办法"。1896年10月20日，清廷批准设立铁

---

① 参见王树楠：《张文襄公全集》，（台湾）文海出版社1963年版，第651页。

路总公司，任命盛宣怀为督办，同时仍让王、张两督"督率兴作"。

为实现"先官款，次洋债，后商股"的主张，盛宣怀强调户部拨官款是"借款招股之枢"，"路工之迟速，实以拨款之迟速为断也"。然而，在清政府财政拮据、度日维艰的情况下，划拨1300万官款谈何容易。官股300万作为开办经费比较顺利，卢汉铁路公司成立不久，户部就将"广东商款二十六万，北洋凑足二十四万，南洋二百五十万"作为南北洋官股，专款存储，随时可以领用。然而，余下的1000万官款的筹集就颇费周折了。

1897年夏，盛宣怀给户部尚书翁同龢写信："但求夏间先拨四数，秋间拨三数，冬间拨三数，一经奏定，总公司便可放手分头办事。"但是，事实上直至1899年夏，几经周折，卢保（卢沟桥至保定）工程才得以首先告竣。至此，卢汉铁路共用官款近1000万两（其中包括300万两官股），尚有300万两"议定之数"实在无从挪措，也就只能作罢。

而盛宣怀打算募集的700万两商股，由于卢汉铁路所经鄂、豫、直三省"无甚富商大贾"，所以，"专指卢汉而招股，恐直无人过问"。为此盛宣怀与张之洞商议"先举商务总办，设立卢汉铁路招商总局，一面招集华股，一面责成商务总办，由商筹借洋债"。①

1896年7月23日，盛宣怀致电王文韶、张之洞："新加坡领事张振勋来函，伊愿来沪与宣面商铁路事件。……张实为南洋华商巨擘，张来则从者必多，可否乞宪台电咨龚使，准即调回中国，面筹路事，愈速愈妙。"②由此可知，盛认为张振勋作为"华商巨擘"对于侨界所具有的旗帜性影响，因而主动与张振勋取得了联系，并得到他回国参与卢汉铁路的允诺。7月31日，盛宣怀致电王文韶："张振勋可充一（铁路）总董，责成外埠招股。"在张之洞、王文韶的努力下，朝廷同意了盛宣怀

① 参见宓汝成：《中国近代铁路史资料：1863—1911》，中华书局1984年版，第226页。

② 参见盛宣怀：《愚斋存稿》，（台湾）文海出版社1963年版，卷89，第66页。

的推荐。张振勋在受到盛宣怀重视的同时，也执着于中国的铁路建设，为卢汉铁路的招商费尽心机。当然，卢汉铁路建设事实上并未招用商股，但并不等于张振勋毫无招商成就和影响。①

与此同时，盛宣怀积极筹备银行的创设，先集商股 250 万两，招商局集 80 万两。1897 年 5 月 27 日，"中国通商银行"上海总行正式开张。但是，事实上由于是中国自己创办的第一家银行，势单力薄，而铁厂、铁路同时要办，这两大项目都是需要巨额资金才能真正运转的，其中铁厂所需的绝大多数资金，都是靠调用盛宣怀所掌控的轮船招商局、电报局等的资金来解决的，如此一来，修筑铁路的资金更变得捉襟见肘了，在这种情况下，不向洋人借债是行不通了。

二、为筹集资金，迅速创办银行

为让铁路、铁厂筹集更多资金，1896 年 11 月，盛宣怀向光绪帝呈交《请设银行片》。盛宣怀在这份奏折上写道："银行……其大旨在流通一国之货财，以应上下之求给，立法既善于中国之票号钱庄，而国家任保护权，利无旁挠，故能维持不敝。各国通商以来，华人不知务此，英法德俄日本之银行，乃推行来华，攘我大利，近年中外士大夫灼见本末，亦多建开设银行之议，商务枢机所系，现又举办铁路，造端宏大，非急设中国银行，无以通华商之气脉，杜洋商之挟持。"②

盛宣怀的这一倡议得到光绪的首肯，光绪立即朱批，要求总理各国事务衙门会同户部"妥议具奏"。眼看中国人自己办银行的愿望即将要实现，英、俄、美、法、奥等国采取霸道干涉政策，盛宣怀筹组银行之路充满荆棘。

① 以上参见张庆锋：《论盛宣怀与卢汉铁路筹款》，《河南大学学报（社会科学版）》2005 年第 2 期，第 191~195 页。
② 盛承懋：《盛宣怀与近代中国金融和保险》，武汉大学出版社 2022 年版，第 61 页。

第一个插手此事的是英国人赫德。他是英国在中国的代理人，一听说中国人想自己设立银行，他便声称要招华商开设中英银行，企图争夺商股。1896 年 6 月，赫德拟了一份银行章程递交给清政府总理衙门。

盛宣怀听说赫德"要招华商开设中英银行"，为了避免外国人进一步控制中国实业界，盛宣怀一方面向清政府反复强调："闻赫德觊觎银行，此事稍纵即逝。"他认为，"赫有海关在手，华商必为笼络"，①　他催促清政府早日批准通商银行的开办，如果自己不抢先设行，将无法与赫德较量。他愤慨地对李鸿章说："银行尤为诸务枢纽。开关互市，岂有聚吾国商民之财付诸英、德、法各银行之手，而自己毫不为之料理，尚自诩足国足民，有是理手！"②另一方面，盛宣怀暗中说服了十个富商大股，募得华商股资 300 万两，为办理中国通商银行打下了基础。

第二个对中国人自办银行横加阻挠的是俄国。在中国通商银行开始拟议时，华俄道胜银行就要挟清政府妄图参与投资。盛宣怀意识到俄国是国人自办银行的大敌，便毫不妥协地予以拒绝，同时，他还得出洋人没什么可怕的结论，并向清政府提出必须尽早开办华行的意见。

而最直接明目张胆地攫夺通商银行的是法、奥两国。它们的领事馆公使在通商银行已经开办后还毫不掩饰地向盛宣怀和清政府外交部门提出归并合办的要求。

对于外国势力提出的无理要求，盛宣怀一律回绝，他强调这只不过是中国开办的第一家自己的银行，洋行已经开了那么多了，中国通商银行不过仅此一家，有什么可紧张的呢？

但是，比起外部压力，清廷内部顽固派官僚的坚决反对更为猛烈。1897 年 1 月，盛宣怀向总理衙门呈递了《公议中国银行大概章程》时，却遭到了总理衙门守旧顽固官僚的严厉驳诘。事实上，当时社会上对盛宣怀散布流言蜚语以相攻击者不乏其人，他们说盛氏揽轮、电、银行等

---

① 参见盛档，盛宣怀《寄王夔帅、张香帅》，光绪二十二年十月二十五日。
② 见盛档，《盛宣怀上李鸿章禀》，光绪二十二年十月二十五日。

权实为谋取私利。

更没有想到的是，竭力推荐盛宣怀督办铁路、接办汉阳铁厂的大臣张之洞也极力反对盛宣怀开办银行。这一方面是因为盛宣怀出身李鸿章的幕僚，与李鸿章素来不和的张之洞，当然对李的僚属也心存芥蒂；更主要的是，盛宣怀当时还兼着轮船招商局、中国电报局、汉阳铁厂督办等数职，张之洞岂肯再让银行大权一并揽入盛宣怀手中。另一方面，张之洞担心盛宣怀开办银行后铸造钱币，会对他的湖北铸币局产生不利影响。所以，当盛宣怀致电张之洞，期望得到他的支持时，张之洞回电称："铁路、银行为今日最大利权，人所艳羡者。独任其一尚恐众忌所归，一举兼营，群喙有词，恐非所宜。拟分为两事，嗣铁路定议后再议银行较为妥善。"表面上，张之洞认可了开办银行的重要性，但实则他是想以拖延的方式，掣肘银行的筹办事宜。①

盛宣怀对银行发行钞票和资金调剂的作用有充分的认识，他看到建设铁路、接办汉阳铁厂需要招收华股和外国投资，款项数额大，必须兴办自己的银行，才能把分散的资金集中起来，不让利益流到外国人手中，所以在给清廷的奏折中，他陈述兴办银行的宗旨是："通华商之气脉，杜洋商之挟持。"中国自办银行，自然触犯了西方列强的利益，于是，英、俄、法、奥等国都要求与中方合办，对盛宣怀独立自办加以阻挠，而清统治集团内部的顽固派也有意刁难。盛宣怀利用各种有利条件，排除各方面的阻挠，几经波折，最终使通商银行得以正式筹办。

从1896年11月起，盛宣怀加快了筹办中国通商银行的步伐，通商银行名为商办，实系奉旨设立的官商性质，规定"权归总董，利归股商"，决定招商股500万两，先收一半，即250万两。其中，招商局集80万两，电报局集20万两，并借度支部库银100万两，议分5年摊还，至1902年如约还清，纯留商股。盛宣怀名下包括他本人和李鸿章

---

① 参见张姚俊：《近代中国第一家华商银行沉浮录》，http://www.zgdazxw.com.cn/culture/2015-08/25/content_84820.htm。

等的投资达 73 万两，北洋大臣王文韶投资 5 万两，通商总董中张振勋和严信厚投资 10 万两和 5 万两，以上几笔已近 200 万两，约占当时实收资本的 80%。其余真正属于各地纯粹商人投资的股份为数极少。由于盛宣怀事先对开办银行已有了较为成熟的考虑，在接到上谕的十几天后，他就召集了由他选定的既有经济实力，又有管理近代企业经验的张振勋、叶澄衷、杨廷杲、施则敬、严信厚、朱葆三、严滢、陈猷等八位殷商组成了董事会。

盛宣怀之后督同各总董议订章程 22 条，奏明权归总董，利归股商，用人办事，以汇丰为准，商款商办，官但保护，而不管事，并借重外才，征用客卿，聘任英人美德伦为洋大班，沪上钱业领袖陈笙郊为华大班，借以融通中外金融。

1897 年 1 月 21 日，盛宣怀请户部发官款二百万两，存放于新办的银行，认为外人知有官款在内，足以取信，可与中俄银行争衡。1 月 27 日，他又报告总理衙门，银行名称公拟"中国通商银行"。

1897 年(光绪二十三年)5 月 27 日，由盛宣怀创办的中国通商银行在上海外滩 6 号(今黄浦区中山东一路 23 号)正式成立。这是中国人自办的第一家银行，也是上海最早成立的华资银行；但比第一家外资银行在上海的设立，已整整落后了 50 年。

中国第一家民族资本银行创办初期充满着矛盾与艰辛，但为近代中国金融史留下了浓重的一笔。

5 月 27 日，中国通商银行上海总行开张。此后，天津、汉口、广州、汕头、烟台、镇江等处分行陆续开设。京城银行本年亦已开办，盛宣怀认为今后自王畿以至各通商码头，血脉贯通，金融市场或不尽为洋商所把持。

通商银行成立之初，清政府即授予发行银元、银两两种钞票的特权，供民使用，使其为整理币制之枢纽，自此市面始见本国纸币与外商银行之纸币呈分庭抗礼之势，金融大权不复为外商银行所把持。银元券分一元、五元、十元、五十元、一百元五种；银两券分为一两、五两、

十两、五十两、一百两五种。其钞票的式样按照汇丰银行在香港发行的
式样，正面印"The Imperial Bank of China"字样，并有洋大班美德伦的
英文签字，反面印有"中国通商银行钞票永远通用"和"只认票不认人"
等字样。该行最早的章程称，钞票的发行采用十足准备制，但绝大多数
年份的现金准备都远远低于发行数字。

中国通商银行旧址

最初几年通商银行存款的主要来源是清政府的存款，其次是官督商
办企业的闲置资本，以及各地关道和道台的待解款以及少数买办、官僚
的个人存款。其放款主要对象是外贸企业与新办实业，如 1897 年底，
对外国洋行、中国商号和钱庄放款 154 万两，占放款总额的 60%，这些
洋行、商号、钱庄主要从事进出口贸易；向洋务运动中创办的近代企业
的工业放款达 91.3 万两，占放款总额的 36%。而对民族资本主义工业
的放款，辛亥革命前历年的余额占整个放款的比重都不足 10%。

汉阳铁厂的扩建、萍乡煤矿的建设，以及卢汉铁路、粤汉铁路的建
设，都得到中国通商银行资金上的支持。

通过钞票发行，通商银行获得巨额利润。如从 1905 年到 1911 年的

七年中，通商银行通过发行钞票（每年平均 140 万两），按当时贷款最低利率 8% 计算，获取利润就高达 80 万两以上。

除发钞外，该行并代收库银，全国各大行省，均先后设立分行，重要者计有北京、天津、保定、烟台、汉口、重庆、长沙、广州、汕头、香港、福州、九江、常德、镇江、扬州、苏州、宁波等处，业务极一时之盛。光绪二十六年（1900 年），八国联军攻占北京，京行首遭焚毁，天津分行亦随之收束，业务渐告不振。到光绪三十一年（1905 年）只剩下北京、汉口两个分行和烟台一个支行了。

三、借"洋债"拒"洋股"

1897 年 1 月，铁路总公司成立于上海，之后又在天津、汉口设立了两个分公司。盛宣怀向清政府奏明先造卢汉干路，其余苏沪、粤汉次第展造，不再另设立公司。

盛宣怀担任铁路总公司督办，他对自己肩上的责任与可能遇到的困难是有足够认识的。他在给两江总督刘坤一的信中说，铁路修筑之事"在泰西为易办，中国则有三难。一无款，必资洋债；一无料，必购洋货；一无人，必募洋匠……风气初开，处处掣肘"。① 这"三难"中，资金可以说是最难的了。

事实上，清政府原来是打算铁路实行"官督商办"的，由各省富商集股修建。但当时清政府信誉扫地，华商"各怀观望"，无人问津，不得已只好想办法用洋人的钱了。

要想用洋人的钱，实际上也有两种方式，即"借洋债"与"招洋股"。尽管这两种方式都是用洋人的钱，但是差别很大。借了洋人的钱，本利还清后，他对铁路的权益无法干涉；招洋股，那一旦洋人的股权变大后，他就有可能掌控铁路的主权。这与盛宣怀一贯坚持的"权自我操"

---

① 参见盛档，盛宣怀《致刘岘庄制军》，光绪二十三年正月初五日。

的立场是格格不入的。

当时，清政府的倾向是以"洋商入股为主脑"，李鸿章也认为"洋债不及洋股容易"，① 均认为以招洋股为宜。盛宣怀则说："所议借洋债与招洋股，大不相同。若卢汉招洋股，鄂、豫、东、直腹地，原不至遽为所割，但此端一开，俄请筑路东三省，英请筑路滇、川、西藏，法请筑路两粤，毗连疆域，初则借路攘利，终必因路割地，后患无穷，是何异揠苗助长！若借款自造，债是洋债，路是华路，不要海关抵押，并不必作为国债，只需奏明卢汉铁路招商局准其借用洋款，以路作保，悉由商局承办。分年招股还本，路利还息，便妥。"②

张之洞赞成盛宣怀的意见，他说："惟有暂借洋债造路，陆续招股分还洋债之一策，集事较易，流弊较少。盖洋债与洋股迥不相同，路归洋股，则路权倒持于彼，款归洋债，则路权仍属于我。"③经过再三考虑，盛宣怀决定"无论议借何国路债，必须先用华款，后用洋债"，因为先用华款自造，造成一段，用路进行抵押，可以免去苛条，"庶可权自我操，不致贻后来无穷之患"。④

四、卢汉铁路向小国比利时贷款

由于官款已无法再挪措，商股难以募集，盛宣怀只有一条路可走，就是向洋人借款。借款筑路的消息一经传出，美、英、法、比等国商人纷纷行动，他们先谋入股，继谋借款包揽路工，盛宣怀则坚决反对招洋股而同意借洋债。1896 年 11 月 1 日，盛宣怀与美国华美合兴公司代表

① 参见盛宣怀：《愚斋存稿》，（台湾）文海出版社 1963 年版，卷 24，第 27 页；卷 25，第 10 页。
② 参见盛档，盛宣怀《寄王夔帅》，光绪二十二年三月二十七日。
③ 参见张之洞《卢汉铁路商办难成另筹办法折》，光绪二十二年七月二十五日。
④ 参见盛档，盛宣怀《密陈筹办卢汉路次序机宜折》，光绪二十三年三月。

柏许进行谈判，由于美商"欲以包工渔利，密函饵我二百万两，当美总领事面前掷还原函，旋即罢议"。① 1897 年春，盛宣怀又分别与英商恭佩珥等商议借款事宜，皆因要价太高而作罢。

"丁酉正月，比商至鄂议铁路借款。府君(盛宣怀)就商于文襄，金以比为小邦……无他觊觎，即阴附他国商股。我于条款内坚明约束，只认比公司，不认他人，可无流弊，其息率亦视他国所索为轻。且允既以铁路作保，无须再用国家名义磋议。"②

1897 年 2 月，比商至鄂，议铁路借款一事。3 月 17 日，比利时驻汉口领事法兰吉会见张之洞，面商筑造卢汉铁路事宜。盛宣怀认为，其他国家胃口太大，而比利时是个小国，钢铁资源丰富，铁路技术成熟，尽管它有法国作为后台，但它"国小而无大志，借用比款利多害少"，③决定向比国借款。经过与比利时代表艰难的交涉谈判，1897 年 5 月 11 日，卢汉铁路借款条件基本谈妥；27 日，盛宣怀与比利时银行代理人马西、海沙地在武昌签订《卢汉铁路借款合同》十七条。合同规定借款450 万英镑，年息 4 厘，期限 20 年；借款由国家批准，而以卢汉铁路及其一切产业作为担保；铁路限 5 年完工；由比利时派总监工负责聘用铁路工程人员和建造铁路，而由中国铁路总公司督办节制总监工；铁路所用材料，先用中国制造，中国不能制造者，如比利时商人在公开投标中以最低价中标，可允其为铁路购料，并按购料价值给佣金 5 厘。

关于与比利时签订的借款条件如何，1897 年 5 月 11 日，盛宣怀在致李鸿章的电报中，详细谈到与比利时签订借款合同的优劣，所谓："比合同磋磨以至极处，惟吾酌知此中艰难。五年必成，彼未勘路，故欲作活笔，要删亦可。买料五厘佣钱，除自造钢轨外，约购外料千万

---

① 参见北京大学历史系近代史教研室：《盛宣怀未刊信稿》，中华书局 1960年版，第 215 页。

② 参见盛同颐等：《杏荪公行述》，《龙溪盛氏宗谱·附录二》，2011 年修订。

③ 参见盛档，盛宣怀《遵旨沥陈南北铁路办理情形折》，光绪二十四年五月。

两，所费仅五十万两。"①

1897 年 10 月，盛宣怀代表清政府与比利时公司签订了卢汉铁路借款合同草约，该合同规定，筑路工程由比利时公司派人监造；所需材料除汉阳铁厂可以供应外，都归比利时公司承办，并享受免税待遇。在借款期限 30 年间，一切行车管理权均归比利时公司掌握。综合来看，这是不得已而为之的较好的办法。其中有"比公司举荐总工程师监修路工"这一款，以卢汉铁路借款合同为蓝本，以后各路借款合同中均确定由债权方举荐工程师监修铁路。

1898 年 2 月，因胶州之疫情势变迁，比欲翻议，借口东线将筑津镇路，延不交款，多方要挟。盛宣怀乃以卢汉、粤汉两路均将改用美国贷款，对比利时公司予以威慑之，几经磋磨，续议条件，并允适当加息，才使比未予悔议。

1898 年 6 月 23 日，《卢汉铁路比国借款续订详细合同》和《卢汉铁路行车合同》正式签订，清政府向比利时公司借款 450 万英镑（年息 5 厘，9 折付款，期限 30 年）。该合同规定，筑路工程由比利时公司派人监造；所需材料除汉阳铁厂可以供应外，都归比利时公司承办，并享受免税待遇。在借款期限 30 年间，一切行车管理权均归比利时公司掌握。8 月 11 日，借款合同奉光绪皇帝朱批："依议"，《卢汉铁路比国借款续订详细合同》和《卢汉铁路行车合同》正式生效。

合同签订后，此前仅断断续续修筑了 100 多公里的卢汉线，终于可以大举兴建了。不久，清政府又以同样的条件，向比借款 1250 万法郎。

在铁路建设资金的筹集上，盛宣怀在张之洞的支持下，力主"争权让利"，宁偿高息，借用"洋债"，拒参"洋股"，力争铁路主权在我，将"借款与造路分为二事"，减少债权对路权的干预，在一定程度上维护了国家主权。

1906 年 4 月 1 日，连接北京与汉口的全长 1214.49 公里的铁路干线

---

① 参见盛宣怀：《愚斋存稿》，（台湾）文海出版社 1963 年版，第 27 页。

卢汉铁路全线通车。因力主修建这条铁路才被派任湖广总督的张之洞与直隶总督袁世凯一道验收后，改卢汉铁路为京汉铁路。

而汴洛铁路也由法国和比利时公司中标修建，以郑县车站为中心，东至开封西到洛阳。1905 年 6 月，汴洛铁路在开封破土动工，两年后建成。

五、力阻容闳"津镇铁路"的修筑

随着卢汉铁路修建的启动，西方列强在中国抢占路权之风盛行，盛宣怀描绘这种情景时说："吉黑北路已经许俄代造，滇桂南路，法亦来争代造"，卢汉、粤汉等干路，"英、德眈眈虎视，几若不得此不甘心者"。① 面对列强瓜分路权形势，盛宣怀针锋相对地与西方列强展开了争夺路权的斗争。

1897 年 11 月初，因劳累过度，旧病复发，不得不回沪卧床休息的盛宣怀，得到从北京来的密电，禀告说："容闳（1828 年 11 月至 1912 年 4 月，原名光照，号纯甫，广东香山县人，中国近代著名的教育家、外交家和社会活动家，是中国留学生事业的先驱）由天津经清江至镇江修筑一条干线即津镇路的请求，清政府已批准，津镇路名义是集华股而实质是洋股。"

盛宣怀得知这一情况后，十分着急，他担心这会对当时仍在磋磨不已的中比借款交涉造成极为不利的影响，对他确保"中权干路"的建设规划也是严重的干扰。11 月 22 日，盛宣怀密电王文韶和张之洞：京密电"容闳在总署呈请办镇江至津铁路，有款千万请验！先以百万报效，路成再报效百万。邸意颇动，交各堂议。如准，于卢汉事有碍否云"，并强调此系洋股，路近款便，必先卢汉告成，东南货客分去，洋债难

① 参见盛档，盛宣怀《筹办卢汉铁路情形并呈比国借款草合同折》，光绪二十三年四月。

还。比可借口悔约。如议准,南北有路可通,保汉(保定至汉口)似可缓造。①

盛宣怀怀疑容闳的千万之款来自洋股,如是华股,那又为何事先需要收取佣金百万,事后再收佣金百万呢?11月23日,他又函告直隶总督王文韶,反对容闳办津镇路,说:"若清江别开一路,则东南客货均为所夺,卢汉将来断不能集华股还洋债,卢汉一路必致停废无成……中国物力异常艰窘,倘属华商资本,岂能两路并举,徒自争竞!至于报效巨款,其为洋股可知,无论何路皆不可准。饵我小利,必受大害。"②

在盛宣怀看来,容闳借款承筑津镇铁路,是图谋在总公司之外另起炉灶。为此,他致电张之洞和王文韶称:"年底广东京官电称,容闳另造镇江至天津铁路,已定议,即询常熟(指翁同龢),顷接复电云:容虽未定,势在必行八字。"他甚至担心容闳的计划与德国强夺山东路权的行径有关,怀疑朝廷因山东路权已经让与德国,"故派容与德办"。

容闳的计划也触动了张之洞的敏感神经,在卢汉铁路谈判遇阻的情况下,张之洞自然决心与盛宣怀一起阻止总理衙门批准容闳的计划。1898年1月26日,张之洞致盛宣怀、王文韶二人密电:"容闳东路竟欲准行,实可骇异。昨接夔帅电,德国修山东铁路一条,似已允。既许德自胶造,又令容自清江造,报效百万,必系洋股。此路直穿东境,德必速造,令与此路接,是为虎傅翼也。德军长驱而北,自胶一日达永定门,关系京畿安危……必须飞速会衔电奏阻止",③从中可以看出张之洞的心思。

张之洞也认为容闳的计划有西方列强的背景。他致电盛宣怀、王文韶和刘坤一,以不容置疑的语气陈述了自己的判断:"顷闻容闳呈请造镇江至天津一路,报效百万,不胜惶骇。查胶州至津只一千四百里,容闳路必经济南省城,德路由胶至济止六百里。容闳来自美国,且事前即

① 参见苑书义等:《张之洞全集》,河北人民出版社1998年版,第7421页。
② 参见盛档,盛宣怀《致直督王夔帅》,光绪二十二年十月二十九日。
③ 苑书义等:《张之洞全集》,河北人民出版社1998年版,第7472页。

报效巨款，必系洋股无疑，即是间有华股，而在英之华商财产多与洋人合，且归洋人保护，仍与洋股无异，且不仅美商铁路股票辗转售卖，各国洋人皆有。虽容闳本无他意，但关涉洋股，容闳将来亦不能自主。容路短而款足，不过两年必成。此路成后，德之陆军长驱而北，一日而至永定门矣。容路既系洋股，将来必与德国勾串，断不听中国指挥，一旦猝有变故，如强占胶州湾……防不胜防，战不能战，避不及避，从此京师岂有安枕之日？"张之洞把这种意思向总理衙门作了表达，而且语气更为坚决："无论德路造与不造，容路皆不可准。"①

盛、张二人的态度得到了刘坤一的响应。刘坤一致电总理衙门，表达了与张之洞类似的观点："若允容闳之路，其成必速，德路亦必接至容路。容系洋股，与德易于勾串，目前允容造路，无异许德造路至京，祸将不测。"由此，加大了容闳修筑津镇铁路的阻力。

当盛宣怀听说容闳请修津镇路是得到李鸿章支持的时候，他没有退缩，而是直接写信致总理衙门，陈述修建津镇路对卢汉路的不利影响："因时局变迁，原难拘执成议，惟卢汉干路内外几经筹度而后定。南连湘粤，西通川陕，东达长江，利，则聚天下之全力以保畿辅；不利，亦可联十余省之精锐以保中原。今若改营镇津，卢汉停办开采一事，恐以后各路事权均属外人，无一路可以自主。数十年归还中朝之说，尽属子虚，大局何堪设想！"②最终，津镇路因故而停建。

六、聘用张振勋在东南亚侨界筹集资金

1895 年冬，王文韶、张之洞向朝廷推荐由盛宣怀来督办卢汉铁路，盛宣怀开始积极思考筹集铁路建设资金的事宜，他想到了自己的莫逆之交侨商张振勋，并与之取得了联系。

---

① 苑书义等：《张之洞全集》，河北人民出版社，1998 年版，第 2123 页。
② 见盛档，盛宣怀《寄总署、夒帅、香帅》，光绪二十四年正月二十二日。

盛宣怀与张振勋的交往，还是在 1886 年盛宣怀于山东登莱青兵备道的任上，当年他发现山东烟台等地区盛产水果，品质上佳，果农却年年因水果无销路而犯愁，于是，盛宣怀想到了水果深加工的问题，他与三品衔候选知府张振勋(又名张弼士)商议筹建葡萄酒厂的事宜。这个葡萄酒厂虽然在盛宣怀的任期内没有开办起来，但终由他的动议和筹划，在他离任几年后由张振勋创办起了张裕葡萄酒厂。

1892 年后张振勋先后被清政府派驻槟榔屿(今马来西亚槟城)任首任领事、新加坡总领事，自此张振勋与东南亚的华侨建立了广泛又密切的联系，并成为东南亚的"华商巨擘"。

1896 年 10 月 20 日，盛宣怀奉命"以四品京堂候补督办铁路总公司事务"，并被授予专折奏事特权。张振勋为响应盛宣怀创办卢汉铁路的邀请而回国，他事实上已结束了自己的领事生涯，但是他的领事职务却并未真正开缺，盛宣怀此举的目的是维护张振勋作为侨领的旗帜性影响力，他不希望张振勋由于领事一职的撤销而使他树立起来的南洋招商旗帜倒下。

张振勋为支持铁路建设，积极参与了中国通商银行的筹建。1896 年 12 月 20 日，张振勋在新加坡"谨拟设立银行条议开列呈电"。他以西方银行业作为借鉴，结合在南洋多年与银行往来的经验，对银行开立应该注意的事项提出了自己的看法。1897 年 2 月 20 日，他与银行各总董参酌汇丰银行章程，在上海修订拟就《中国通商银行章程》，章程共 22 条。在银行招股中，张振勋认 2000 股，共 10 万两，是私人股的最高者，占总投资额的 4.7%，张振勋还在南洋招徕了不少华侨股资。

1897 年 4 月 20 日，盛宣怀在给上海银行总部的电文中说："张弼士来电，二千股已招齐。慎初亦已招足，望代询各总董已招若干？即电复。因四月内即须开张。"至 5 月 31 日，张振勋一共为中国通商银行汇寄了 15.5 万两股款。

之后，张振勋所筹建的广厦铁路，虽没能开工，却是晚清商办铁路即民间创办铁路的第一条铁路。

第五章　卢汉铁路的建造过程

一、1897 年 1 月铁路总公司正式成立

1896 年 10 月 20 日，盛宣怀接到上谕："直隶津海关道开缺，以四品京堂候补督办铁路总公司事务"，并被授予专折奏事特权。同日，清廷批准设立铁路总公司，任命盛宣怀为督办，同时仍让王、张两督"督率兴作"。11 月 13 日，盛宣怀出都，赴天津与直督王文韶商议铁路总公司的设立等事宜，顺道勘探卢沟桥兴修事宜，认为卢汉铁路路线取道信阳，不绕襄樊，以免迂折。11 月 16 日，盛驰抵天津，与直督王文韶议设立铁路总公司于上海、天津、汉口设分局。①

关于卢汉铁路开筑的前期安排，1896 年 11 月 29 日，盛宣怀在给汉阳铁厂总办郑观应的函中说："弟十月十二日(11 月 16 日)到津，与夔帅(王文韶)面商北路事务，拟派前造津榆、津卢铁路之英国洋员金达(原李鸿章所聘修筑开平煤矿铁路的英国工程师)，先行勘办卢沟桥至保定一段。今冬绘图、估工、买地，开春开办土工，约计路三百余里，需用铁轨，下半年再行架设，届时鄂厂当可赶办得及。金达面商卢沟桥料均可自造，比较外洋购买，便宜必多。"②盛宣怀希望郑观应在整

---

① 参见夏东元:《盛宣怀传》，四川人民出版社 1988 年版，第 503 页。
② 参见盛档，《盛宣怀致郑官(观)应函》，光绪二十二年十月二十五日。

顿汉阳铁厂的基础上，为卢保段所需的铁轨，作好供货准备。

1896 年 12 月 9 日，盛宣怀由天津抵达上海；11 日，他致电江督刘坤一："昨抵沪拟即举充商董设立总公司，北路先造卢沟至保定一段，南路先造汉口至信阳一段，已赶紧购料，来春开工，此间拟照原议先造吴淞至上海一段，以壮中外观瞻，方能招股借债。"也就是说卢保段、汉信段、淞沪段已纳入最先修筑的路段。

1897 年 1 月，铁路总公司在上海成立。盛宣怀上奏清廷先造卢汉干路，其余苏沪、粤汉次第展造，不再另设立公司。1897 年 1 月 6 日，总公司正式启用"铁路总公司关防"。

1897 年 1 月 10 日，盛宣怀在致翁斌孙的函中说："到沪悠忽匝月，关防初三甫到，总公司已设立，铁路正在举董招股。……欲另立苏沪公司，招股另办。粤人闻之亦欲效尤，先办粤路。"

与此同时，盛宣怀按照原定计划，迅速开始卢保路和淞沪路两路的勘路和开工事宜，同时完善铁路总公司的管理机构。

关于铁路总公司管理机构的人事安排，1897 年 4 月 12 日，盛宣怀致函王文韶，提出要调用"何嗣焜、郑孝胥、蔡汇沧和梁启超"等四人充实公司管理层。

何嗣焜（1843—1901），字梅生、眉孙、枚生，江苏武进人，三品衔官员，早年入淮军，1871 年入张树声幕府，1886 年入河南巡抚倪文蔚幕府，1897 年春任南洋公学第一任总理。

郑孝胥，福建福州人，1882 年福州乡试解元，1891 年作为驻日公使的随员赴日，1892 年先后任中国驻筑地、神户大阪总领事，1894 年 8 月归国，1894 年 11 月入张之洞幕府，1897 年 5 月入盛宣怀幕府，1897 年底任卢汉铁路南段总办兼汉口铁路学堂校长。

蔡汇沧，浙江德清人，曾任职于上海江南制造总局，上海公共租界会审公廨华人谳员。

梁启超（1873—1929），字卓如，一字任甫。清朝光绪年间举人，中国近代思想家、政治家、教育家、史学家、文学家，戊戌变法领袖之一，中国近代维新派、新法家代表人物。梁之后未加入铁路总公司。

从 1897 年 6 月 3 日，盛宣怀致翁同龢函中，可知铁路总公司的组成人员如下：

收支：严作霖(严佑之，浙江慈溪人，1863 年入淮军，曾任河南知府国子监学，70 年代初参与赈务与盛宣怀相识，清名著于四海，后为上海华商机器纺织公所商董)。

杨廷杲(江苏苏州人，知府，1875 年随盛宣怀在湖北办矿，先后参与电报、纺织厂的创办，任中国电报总局总办。精于会记、身家殷实)。

购料：何嗣焜(之后升任南洋公学总理)。

蔡汇沧。

朱宝奎(江苏常州人，1874 年第三批留美幼童，肄业于美国耶鲁大学，1881 年任职于津沪电报局)。

顾问：锡乐巴(洋参赞、张之洞所聘德国工程师、任铁路顾问)。

津沪两分局各派一员一董为总办。

土工每段派一总办。①

二、卢汉铁路施工在艰难中缓慢前行

1897 年 1 月 6 日，铁路总公司在上海成立。卢汉铁路款项并未如数筹足，故只能分段施工。

1897 年 6 月 3 日，盛宣怀向翁同龢请求赶紧拨借原奏折中的官款一千万两："卢保据金达估需四百余万两，淞沪据锡乐巴估需三十万两……已属不敷一百数十万。年内应用之款，计三省购地之价，至少必

---

① 以上见易惠莉：《盛宣怀评传》(上卷)，江苏人民出版社 2012 年版，第 385 页、389~391 页。

须千万两方能展布。"①

卢汉铁路施工已经开始，然而铁路修筑所需的资金缺口巨大。时各国商人先谋入股，继谋借款包揽路工，而京外绅商亦竞请分办他路，实则洋股暗中参与与借名撞骗者各居其半。盛宣怀通电直、鄂，对此一律驳置不理，坚持先尽官款开办，然后择借洋债，再集华股，坚决反对招洋股。

1897年10月，盛宣怀与比利时公司签订了卢汉铁路借款草约，卢汉铁路的卢沟桥至保定段，按合同规定，于1897年10月统交比利时公司接办。比利时公司接办后，南端起点改为汉口玉带门，北端起点改为经北京西便门至正阳门(前门)西车站。

当年11月5日，汉口至孝感段正式开工，盛宣怀由沪驰赴鄂，料理开工。盛宣怀主持开工仪式，在部署汉孝段工程后，因劳累过度，旧病复发，不得不回沪卧床休息。

铁路总公司成立两年时间里，盛宣怀"勘路购地，领官缗，贷外债，事事重要，件件棘手"，② 加上汉阳铁厂、中国通商银行等各种事务，他的辛劳可想而知。卢汉铁路工程进展缓慢，对盛宣怀不满者乘机攻击，因此，1898年6月，上谕："前因卢汉开办铁路，设立招商公司，特派盛宣怀督办，计值将近两年，所有勘路购地各事宜，应已办有端绪。此项铁路紧要，岂容观望迁延。现在业已筹有之款，著盛宣怀克日兴工赶办，并将办理情形先行具奏。倘再延不开办，玩误要工，责有攸关，盛宣怀岂能当此重咎耶! 此外粤汉、宁沪各路，并著承办各员一体迅速开办，毋得任意迟缓。"为开办卢汉等路，盛宣怀费尽心机，东奔西走，却还是受到了上谕的严厉责备。7月，盛宣怀向皇上奏上《筹办南北铁路办理情形折》，述说了南北铁路办理的"委屈艰难"。

———————————

① 参见易惠莉：《盛宣怀评传》(上卷)，江苏人民出版社2012年版，第397~398页。

② 见盛档，盛宣怀《寄外务部》，光绪二十八年九月二十日。

1898 年 7 月 28 日，盛宣怀奉上谕，从上海赶赴天津，督催卢汉北路工程。8 月 11 日，卢汉铁路与比国的借款合同正式生效后，此前断断续续修筑的 100 多公里的卢汉线，开始可以大举兴建了。

1898 年 11 月，盛宣怀又赴湖北，督催滠口至信阳路工程。1898 年底，卢汉铁路从南北两端同时开工。1899 年夏，卢保路段工程首先告竣，卢汉铁路首战得以告捷。

卢汉铁路施工工地

三、义和团兴起，铁路施工不得不停滞

由于卢汉铁路与比国的借款合同正式生效，卢汉铁路南北两端于 1898 年底同时开工，为确保汉阳铁厂能及时为卢汉铁路供应钢轨，1899 年 1 月，盛宣怀赶赴大冶查勘铁矿，部署铁厂的生产，从汉阳铁厂长远发展着想，4 月 7 日，盛又与日本制铁所长官和田签订煤铁互售合同，向日本每年购煤三四万吨，以每年供应日本五万吨铁矿相抵，以 15 年为期。

与此同时，盛宣怀调派有管理能力、汉阳铁厂提调兼总稽核宗得福（1841—1906，字载之，江苏上元人。官至浙江知县、湖北知府）任南路公司总办。宗得福原先在盛宣怀督办的汉阳铁厂任职时，已表现出他的管理能力，据有关文献记载："局中洋匠数十讵骜不受制，府君（指宗得福）苦心和缉之管局七年，上下无间言。有比（国）工程司吕柏者，尤倾心于府君，愿受指挥，岁省虚耗常逾钜万。"①

1899 年，盛宣怀又向德国礼和洋行借款四百万马克，以加速萍乡煤矿开采的建设，用招商局财产作押。②

然而此时义和团运动（又称"庚子事变"）在山东渐渐兴起，发展很快。义和团是晚清时期的民间团体组织，由山东、直隶一带的义和拳、民间秘密结社和练拳习武的组织发展而来，他们以"扶清灭洋"为口号，得到了清政府的扶持。其特点是反对西方侵略、排斥西方文化。

山东巡抚毓贤承认义和团为合法组织，到了 1900 年春夏间，义和团向津京地区发展，他们在"扶清灭洋"的行动中，开始破坏卢汉铁路卢保段的已建工程，而以慈禧太后为首的一些亲贵定下了照毓贤办法，欲利用义和团与列强决一雌雄的方针。6 月 20、21 日（五月二十四、二十五日），清廷先后连下两道诏书，命令各督抚"联络一起保疆土"和"招义民御侮"。

8 月 14 日，八国联军攻陷北京。慈禧太后、光绪皇帝和一部分王公贵族仓皇出逃。8 月 24 日，清廷在李鸿章的议和"全权大臣"之上又加了"便宜行事"四字。

面对突如其来的"庚子事变"，受影响最大的是卢汉铁路施工现场，而首当其冲的是南路总公司总办宗得福等，据记载："铁路大工甫之湖北之应山县，北方烽火震江汉，路工洋匠，动兴官吏龃龉或辍或作，鄂督虑星星之燎原也，亟调府君（指宗得福，下同）权应山县事，时值两宫西巡，辒车往来贡赋输，委无不绾毂于此，各省勤王军络绎过境，大都乌合招募之兵，扶清灭洋甚嚣尘上。适有各国教士避晋豫之难，叩平

---

① 参见宗鹤年：《清授朝议大夫封通奉大夫湖北补用知府宗府君墓志铭》。
② 参见夏东元：《盛宣怀传》，四川人民出版社 1988 年版，第 510~511 页。

靖关而入者，扶老携幼以百十计，斗大山城如波涛夜惊，风雨骤至，府君选干役封永阳书院容纳诸教士，内则供给薪水，外则钤以官符，而营兵之来刺者日数至，见府君在，相率引去。教士因抚军……悉驱逐回国，地方官奉令唯谨，递解同囚房至是。遇府君熏沐，之饮食、之从容出境，西士逢人辄告曰：吾侪入湖北界重见天日，微宗使君不知死所矣！驻汉口英总领事法磊斯专函府君申谢，且面诣督抚两院称好官。于时鄂督方定保护东南之约，而府君应变有方，裨益大局岂浅鲜哉。"①

由于宗得福应变有方，保护了铁路沿线施工现场，减少了工程设备、材料的损失。

直至1901年9月7日，《辛丑条约》签订才使得濒临停滞的卢汉铁路修筑工程得以逐步恢复。

四、在病痛中完成黄河桥工的督办与验收

由于常年在外奔波，盛宣怀的身体状况越来越差，1904年"元旦，瞻拜祖先，（盛宣怀）病久虚弱，竟至不能行礼，春融始稍向愈。四月，赴江宁就张文襄、魏午帅商合兴废约事件。……美政府则谓：公司分售股票，例所不禁，坚不肯承。方是时沪宁借款合同英公司忽要求改泽道铁路及山西铁矿合同，正与福公司反复磋商，久悬未决。澳门铁路及设关条约又与葡使开始争议，（盛宣怀）……眠食锐减"。②

修建卢汉铁路的最大困难，是通过黄河天堑。卢汉铁路郑州黄河大桥工程，理所当然地由作为债权方的比利时公司包揽和承建，这也是中国第一座横跨黄河南北的钢体结构铁路大桥。开始规划时，铁路面临的最大问题，便是从哪里过黄河。比利时工程师沙多历经4年才结束桥址勘察工作。经张之洞、盛宣怀拍板，大桥选址定在郑州北邙山脉尽头，

---

① 参见宗鹤年：《清授朝议大夫封通奉大夫湖北补用知府宗府君墓志铭》。
② 以上参见盛同颐等：《杏荪公行述》，《龙溪盛氏宗谱·附录二》，2011年修订。

就是郑州人常说的"邙山头"附近，距黄河河槽约 3 公里，此处最大的特点就是"滩窄岸坚"。

合同签订后，比利时公司因急于分占余利，获取最大利润，不惜偷工减料，为赶工程进度，不顾施工质量，工程技术标准低，设计不合理。像黄河大桥这样的重要工程，该桥由比利时工程师设计，总长 3010.2 米，共 102 孔，是卢汉线上最长的桥梁。但比利时公司为了减轻投资负担加快施工进度，没有采用压力沉箱法修建石质桥墩，而是以螺旋钢管作为基础，由于桥墩入黄河底部深度不够，施工期间就有 8 个桥墩被洪水冲毁。桥建成后，保固期只有 15 年，行车时速仅为 10～15 公里。卢汉铁路建成后，在信阳以北平原如同一道长堤，拦阻了水的去路，每遇夏秋时节，山洪暴发，铁路附近的村庄农田顿时一片汪洋，农民只好被迫挖断路基，泄走洪水，自行抢救家园，但比方恃强行暴，武力阻止镇压群众。

此后，每年洪水期黄河大桥必须加固，均需要抛掷大量巨石，维修成本巨大。

1905 年 5 月中，盛宣怀北上勘查黄河桥工、正太路工。5 月 22 日，被召见，向皇上报告卢汉铁路工程及黄河桥工情形。

11 月，盛宣怀遵旨自沪赴荣泽会同唐绍仪验收黄河桥工，并举行全路落成典礼。由于咯血病发，未及复命即回沪休养。

1906 年，大桥正式建成通车，它是中国第一座横跨黄河南北的钢结构铁路大桥，也称卢汉黄河铁路大桥。从此，郑州与铁路绑在了一起，并因铁路而兴。目前，郑州黄河风景名胜区有一段长约 160 米的铁路桥遗址，就是这座大桥百年历史的见证。

五、1906 年 4 月 1 日卢汉铁路全线通车

黄河大桥的建成是卢汉铁路建设的里程碑，标志着卢汉铁路全线贯通。大桥落成之时，在桥上举行了盛大的庆典，黄河大桥竣工时竖立于

南北桥头的铁碑记载了此次庆典盛况。

铁碑高139厘米，宽59厘米，厚4厘米，铁碑上用中文、法文两种文字镌刻，上半部两边两条巨龙飞舞，中间中文为"大清国铁路总公司建造京汉铁路由比国公司助理工成之日朝廷特派太子少保前工部左侍郎盛宣怀二品顶戴署理商部左丞唐绍仪行告成典礼谨镌以志时在光绪三十一年十月十六日"。下半部法文书写的是同样内容。该碑现陈展于武汉二七纪念馆。①

1905年5月，朝廷三次召见盛宣怀，盛宣怀以卢汉全路完工，引疾求退。慈禧太后谕："国家正值多事，汝系旧臣，不应出此。"

竖立于南北桥头的铁碑

---

① 参见赵慧琴：《京汉铁路告成铁碑历史的见证》，http://www.tielu.cn/wenyi/2015-11-13/85759.html。

　　6 月，盛宣怀密陈整顿卢汉铁路办法三端，其中着重谈了收赎问题。说借款还清，合同即废，行车进款可无外散。其中尤要者，有事之秋他人不能干预。

1906 年盛宣怀试乘并检查卢汉铁路

　　1906 年 3 月，上海铁路总公司遭裁撤，盛宣怀督办铁路总公司事至此结束。卢汉铁路(工程验收后改名为京汉铁路)全线通车时，全部工程投资为 4349.8787 万两白银，平均每公里造价为 35813 两白银。该线路上包括漯河(郾城)在内共建有长度 20 米以上大中桥 127 座(包括黄河特大桥)。钢轨大多是汉阳炼铁厂制造的。桥梁大都是钢结构，但类型复杂，载重等级不一致。卢汉铁路包括漯河(郾城)车站等共 70 个，后陆续增加至 125 个。

　　1909 年卢汉铁路向比利时借款全部得以归还，正如文中记载："是岁，京汉铁路所借比款十年期届，如约收续，毫无违言。粤汉原借美款……相国既徇湘人意罢约，今则仍贷诸德、法、英、美，营鄂、湘所经川粤汉路，而两省亦拒之。设当日不废美约，则粤汉、京汉早已南北贯通。"①

————————

① 参见盛同颐等：《杏荪公行述》，《龙溪盛氏宗谱·附录二》，2011 年修订。

张之洞等验收卢汉铁路

六、由卢汉铁路向南北东西伸展的铁路大格局

盛宣怀担任中国铁路公司督办，首先是从修筑卢汉铁路开始的，在正式行动之初，他即有南修粤汉铁路的想法。

当正式接办汉阳铁厂、督办卢汉铁路之后，他首先与粤汉铁路路权争夺的劲敌英国展开了激烈的斗争，在他已经取得督办粤汉铁路之权后，英国仍不甘心，还在向清廷索要该路的承筑权。盛宣怀则采取由"总公司综其纲领"的湘、鄂、粤"三省绅商自行承办"的办法，坚决将英国拒之门外。

在其他铁路的路权上，盛宣怀也同样采取了与洋人争权的态度。1897 年 4 月 13 日，盛宣怀得知沙俄代造东北铁路至大连湾的谣传，他即致电王文韶说："如钧意亦以北路为重，届时即可相机续借，同时并举，庶不负归并榆路之深心。边势甚亟，若待卢汉五年工竣再议，恐亦晚矣"，主张卢汉、津榆同时并举；英国提出与中国政府签订《展拓香港界址专条》，盛宣怀立即提出建造广州至九龙的铁路，与粤汉铁路相接，他说："九龙铁路，我若不造，英必自造，以达省垣，其患不徒在失利"；1897 年，德国借口传教士被杀，出兵占领胶州湾，俄国乘机占领旅顺和大连……盛宣怀感到危机迫在眉睫，他分析说："时局日亟，刻不及待，群雄环伺，辄以交涉细故，兵轮互相驰骋海洋，通塞靡有定时，今海军无力能兴，设有外交，隔若异域，必内地造有铁路，方可联络贯通。广东财赋之区，南戒山河，岂可遐弃。"他从维护国家主权考虑，把原拟由武汉经江西到广东的铁路，改道湖南入广东，这样避免迂回利于速成，并且主张粤汉铁路南北同时并举，一气呵成。

盛宣怀对于铁路建设的基本方针是，干路借款自造，支路尽可能由华商接造，或虽为外人所造，也作为中国的支路。他在致外务部电中说："查各国铁路皆由自主，中国穷于财力借助外人，自应先定干路若干条，由国家借款兴造，其余支路，仿照日本成法，准华商筹款接造，由短而长，由近及远，庶可有益无损。"①

以卢汉铁路为核心，向南、北、东、西四面延伸，这是盛宣怀在建筑卢汉铁路时对全国铁路建设的一个大致规划。随着铁路建设的展开，这个规划逐渐有了具体的内容。他在《请饬各直省将军督抚通行地方帮同招集商股片》中再次强调了卢汉铁路的重要性，并且以卢汉铁路为核心，对全国铁路作了一个初步的勾勒："粤汉以通两广，由苏宁以通上海，此两道为关系商务东南、西南两大干路，固宜展造；其自山海关外以达吉林，自黄河南岸以达关中，此两道为关系边防东北、西北两大路，亦难从缓。但必照原议，先卢汉筹定的款，布置就绪，立定根基，逐段推广，并俟前项各干路应用之款，陆续筹定，再听各省商民自行分造支路"。

盛宣怀所设计的四条最急于修筑的铁路干线，无论在当时，还是从

---

① 参见盛档，盛宣怀《寄外务部》，光绪二十八年九月二十日。

今天来看，都是中国最重要的铁路干线，即以卢汉为核心，东面沪宁通上海，西面汴洛达关中，北面京津通吉林，南面粤汉达两广，这是清末铁路的大致分布，也是中国百年来铁路网的根基。①

––––––––––––––––––

① 以上参见邱永文：《盛宣怀与中国近代铁路事业的发展》，第二届汉冶萍国际学术研讨会论文集，第 8~14 页。

第六章　抓紧萍煤开发，保障煤炭供应

一、聘请德国矿师为铁厂找到煤源

1896 年 5 月 14 日，盛宣怀正式接办汉阳铁厂。他上任后抓的第一件大事，就是要寻找煤矿，解决铁厂的焦炭问题。他在矿师的陪同下，不断地到江西、湖南等地寻觅煤矿。他说，如果不能解决煤炭来源问题，"必致厂购洋焦，路购洋轨，大负初心"。如果"厂购洋焦"，必致"亏累不堪"，① 而"路购洋轨"，这将使铁厂的产品销路成为问题。

其实，在张之洞官办汉阳铁厂时期，铁厂已经在购买萍乡的煤炭，但那是土窑开采出来的。当时萍乡安源一带开挖的煤炭矿井就有321 处之多，其中的一些矿井还联合组成商号，由地方乡绅或宗族势力控制，具有雄厚的资金和实力，在地方有较大的威望与影响力。汉阳铁厂建设过程中，张之洞始终为寻找合适的煤炭燃料而发愁。1892年 10 月（光绪十八年九月），张之洞委派湖北候补知县欧阳炳荣赴萍乡，设立官办的萍乡煤务局，专门收购当地各矿井开采的煤炭，以一种较为温和的方式介入当地的煤炭生产圈，该局与当地土窑之间逐渐建立起一种产业上下游而非直接竞争的关系，这种关系一直维持到盛宣怀

---

① 见盛档，盛宣怀《致张香帅》，光绪二十二年十月二十九日。

接办铁厂时为止。①

随着卢汉铁路即将开建，随着汉阳铁厂转为官督商办，汉阳铁厂再靠到处采购洋焦与华焦，再靠用土法从土窑中开采煤炭资源的办法，已经行不通了，必须尽早找到适合汉阳铁厂发展的大煤田。

1896年盛宣怀聘请了两位德国高级矿师，一位叫赖伦，另一位叫马科斯。盛宣怀要求他们放开视野，在相对更大的范围内进行勘矿。他在两位矿师的陪同下，亲自到江西、湖南等地寻觅煤矿。他还不断委派有关官员，陪同两位矿师及随行翻译到湖北、江西、安徽等省进行勘矿，这两位矿师工作很认真，也有真才实学，他们在江西萍乡四处实地勘查，先后勘查测量了安源天滋山、锡坑、紫家冲、高坑、王家源、大屏山、胡家坊和青山马岭等处的煤田。

当时外国矿师勘矿，经常会遇到当地百姓的敌视和抵制，那年赖伦在萍乡勘探，正值宜春、萍乡两县举行县试，应试的童生们从《汉报》上得知此事，而"萍民素畏机器，谓能使山崩地陷，田园庐墓悉被震伤，而借煤为业之人又恐官招新股，夺其现成之利"，② 因此童生们撰写揭帖，号召乡民反对洋人入萍。这使得赖伦的萍乡之行屡屡遇险，依靠军队的保护才得以安全到达矿山。

1896年10月，赖伦在萍乡发现了一个大煤田，该煤田位于天滋山之支脉安源山，其脉来自莲花县之马迹岭，内含煤矿甚富，属于古生代煤炭纪，色黑如漆，且甚光泽，挥发性少，黏结性极强，是制造焦煤的上品。其煤层有十层，主要以小底板层、大底板层、夹槽、老夹槽、大槽板层五层为主。矿师向盛宣怀呈报勘查结果，马科斯估计煤储量为2亿吨，30米以下的倾斜煤层，可供炼焦的煤甚多；赖伦估计煤储量为5亿吨，做出了萍乡煤田"脉旺质佳，迥非他处所可及"，"如每年采用一

① 范矿生：《近代煤矿与地方士绅关系》，第一届汉冶萍国际学术研讨会论文集，第339~343页。
② 见《恽积勋致郑观应函》，光绪二十二年九月。

百万吨，可供五百年之用"的预测报告。

1897年6月，为了尽快核实萍乡煤田的情况，盛宣怀委派得力助手张赞宸(1862—1907年，字韶甄，江苏武进人，湖北省候补知县)赴萍乡复查煤务。张与盛是武进同乡，早年就追随盛宣怀，自1896年7月到汉阳铁厂后，先后任铁厂会办银钱股事、提调兼稽核、总董等职。张深知此事的重要性，毅然接受盛宣怀的委派。随同张赞宸赴萍乡的是李寿铨(1859—1928年，字镜澄，江苏扬州人)，李曾因张的邀约一起至盛宣怀接办后的汉阳铁厂赴任，担任张的文书。两人在郑观应的带领下，积极投入了汉阳铁厂的整顿工作。由于志同道合，友谊深厚，成为莫逆之交。此次张受盛宣怀的重托赴萍乡，张再次邀约李寿铨结伴同行，两人决心在萍乡煤矿干出一番业绩。

张赞宸与李寿铨接受任务后，便乘坐火轮经长江，过洞庭湖和湘江到株洲，然后转乘小帆船，经渌江到萍乡长潭下船，与先期已在那里的德国矿师赖伦、马科斯会合。他们随即就与矿师一起徒步赴山区探矿，进行实地考察。他们背着勘测仪，携带干粮，披荆斩棘，跑遍深山密林，尽访窿区，又复查了萍乡东南一带的安源、高坑、紫家冲、王家源、龙家冲等处的煤田，历时数月，对萍乡产煤地区作了全面的调查和深入的了解。①

1897年，盛宣怀到达江西萍乡后，为了便于张赞宸及矿师们找矿，并协调与铁厂之间的关系，便成立了"煤""矿""钢"三合一的萍宜矿务利和有限公司，使得萍乡煤矿的勘探得以顺利推进。

二、千方百计为萍乡煤矿筹集资金

1898年萍乡煤矿正式开始开矿，煤矿采用机器开挖煤炭，资金不

---

① 参见黄领：《张赞宸开创萍乡煤矿的伟大实践及意义》，第二届汉冶萍国际学术研讨会论文集，第37~44页。

足同样成为严重的问题，创办之初，商股未集，主要依靠盛宣怀掌控的几家企业的入股和挪借，这些企业的入股分为首次和二次两种，见下表。①

投资者	数额(库平银，两)		总占比%
	首次入股	二次入股	
汉阳铁厂	200,0000		20.0
轮船招商局	150,000	80,000	23.0
铁路总公司	150,000	0	15.0
电报局	0	220,000	22.0
香记等商户	100,000	100,000	20.0
总计	600,000	400,000	100.0

资料来源：张赞宸：《奏报萍乡煤矿历年办法及矿内已成工程》，转引自《汉冶萍公司档案史料选编》上册，中国社会科学出版社 1994 年版，第 204 页。

1899 年 2 月 28 日，盛宣怀以招商局房产作为担保，向德国礼和洋行借款 400 万马克，约合白银一百余万两。其中 300 万马克用于购买德国提升、运输、通风、排水、压气凿岩、照明、洗煤、炼焦、动力、发电、机制、造砖、测量、化验等采矿成套设备，100 万马克用于修建萍安铁路和置办湘潭至汉口的驳轮。同时，还派德籍职员驻德采办机器材料，引进德国技术进行开采，先后聘请德籍矿师、机械师、工程师、会计师、监工、总管等 30 余人，煤矿实行专属开采。1899 年修通了安源到萍乡的铁路，解决了煤的运输问题。

为了进一步为萍乡煤矿募集资金，盛宣怀决定通过发行股票来筹

---

① 以上参见朱荫贵：《试论汉冶萍发展与近代中国资本市场》，第一届汉冶萍国际学术研讨会论文集，第 235~247 页。

集。这次股票发行又分两次进行，据萍乡煤矿首任总办张赞宸的奏折《奏报萍乡煤矿历年办法及矿内已成工程》所述："查萍矿开办之初，并未领有资本，所收股本，乃二十五年（1899年1月）以后事。"因此，其中第一次招股是在1900年招有商股110万两；第二次是在1901年10月19日，萍乡煤矿在《中外日报》等报纸上刊登《轮船招商局经办萍乡煤矿有限公司招股启》，向社会发布招股信息。招股启说，萍乡煤矿"兹因添设铁路90里，庶能畅通运道，总计成本以及归还礼和借款，共需规银400万两，除前已招有商股110万两外，净应添招商股规银290万两，除已允江西绅商附搭50万两，轮船招商局认搭100万两外，应净添招股本规银140万两。每股规银100两，即在萍乡矿务总公司以及各通商口岸招商局挂号，每股先收规银10两，出给收条，俟挂号截止，填给股票息折，每股找收规银90两。本公司专招华人股本，凡入股者需填明姓名籍贯，以注明根册。所有招股章程，另有刊本，请向各口招商局取阅可也"。①

湖北档案馆保留的此次发行的萍乡矿务公司股票存根包括以下文字内容：

> 光绪二十九年七月初一日。
>
> 萍乡矿务公司为给发股票存根事。
>
> 光绪二十四年三月，督办铁路大臣兼督办湖北铁厂、轮船招商事宜盛，会同湖广总督部堂张，具奏萍乡煤矿援照开平煤矿筹款商办，并派员总办各折片，钦奉谕旨："萍乡煤矿现筹开办，请援照开平禁止商人别立公司及多开小窑抬价收买。即着德寿饬所属，随时申禁，多重矿务。钦此。"钦遵在案。
>
> 兹由盛大臣咨明京师矿务、铁路总局，遵照奏定章程，设立公

---

① 参见湖北省档案馆：《汉冶萍公司档案史料选编》上册，中国社会科学出版社1994年版，第201页。

司商办，选举总董，先集商股库平足色宝银一百五十万两，以一百两为一股，自一股至千股皆可附搭，按年官利一分，闰月不计。再有盈余，照间应按十成之二五提出缴部，以伸报效。余均照章分派。萍乡铁、锑等矿，叠经洋矿师勘验，质佳苗旺，且铁性合炼上等钢轨。炼铁毗连，实为中外难得之矿。本公司业已购有各矿山地，目下先办煤矿，并设炼焦之洋炉、洗煤机，运煤之轮驳、铁道、挂线路。众董公议，凡事先难后易。将来气局丰盛，扩充铁道，续办他矿，就行推广加股之时，需照轮船、电报等局，先尽开创老商，出验旧票，纳入新股，以示鼓励。再股商如有限财力，听其自行出让，本公司只认票折为凭。

除将股票式样呈送查核，并将章程息折给商书执外，需至股票存根者。

计收到省府州县人

吉庆堂名下老商二股，计库平足色银二百两。

光绪二十九年七月初一日，给第六千二百四号至六千二百五号止，共二股。

总　　董　陈善言　朱宝奎　严　素

　　　　　林松唐　何嗣昆　施肇英

　　　　　盛春颐　盛昌颐

办事总董　张赞宸

帮　　董　卢洪昶　莫　义

通过两次股票的发行，基本解决了萍乡煤矿所需的资金问题。

三、煤矿井巷工程与地面工程顺利推进

在德国矿师赖伦等人的指导下，在总办张赞宸的主持下及机矿处处长李寿铨的配合下，安源掀起了一场大规模的建矿高潮。张赞宸任总指

挥，李寿铨则负责购井置地、机井建设、基础建设等重要工作，成为张赞宸开矿的得力干将。

由于萍乡境内的煤田被称为"盆式大槽煤"，居于山腹之中，不便于机器直接开采。1898 年 7 月 26 日，萍乡煤矿总局根据赖伦等工程师的勘测，决定选择在安源以北一个地势较平的地方，组织工人开始向山腹挖掘，建设萍乡煤矿的第一座矿井"东平巷"，从而拉开了萍乡煤矿基本建设工程的序幕。此后，基建项目如雨后春笋，拔地而起。

对于井巷工程，张赞宸、李寿铨首先利用从汉阳铁厂、大冶铁矿、江夏马鞍山煤矿调来的部分起重机、锅炉等设备，施工建起直井的有八方井、上平巷及东、西平巷各一处。同年 9 月，委托赖伦订购的首批欧洲机器到齐，矿井建设全面展开。安源井田开发由赖伦设计绘图，采用平洞、立井多种方式开采煤层群，整个矿井采取先上后下、由近及远的前进式方式进行开采。窿道的掘进是用空气及电气凿岩机打眼，用炸药爆破。采用六角钢筋、手锤打眼，用镐采挖。井巷工程施工时，硬岩使用德国第一名家勒特梅游厂制造的、配有电机车和空气压缩机供风的风动凿岩机开采；软岩或煤巷使用德国制造的 1.2 马力、250 伏电压和平头钻头并带有减速齿轮传动装置的电钻开采。1898 年底，西平巷见煤；1900 年上平巷开进 600 米，见大槽煤层；1903 年机矿窿道逐次告成；1904 年八方井日产原煤 300 吨。此时西平巷开进 1600 米，上平巷开进 1200 米，东平巷开进 1600 米，三个平巷日产原煤 300~400 吨。

至 1906 年底，萍乡煤矿井巷工程突飞猛进，掘进打通了安源至紫家冲大槽这项"最要亦最难"的工程，石巷长 2860 米，开创了全国最长的一条岩石大巷，完成了上、东、西三大平巷和八方、六方两大竖井的建井工程，至此萍乡煤矿井巷大型工程均告完成。

在大力推进井巷工程的同时，张赞宸、李寿铨交叉开展地面工程，至 1904 年，先后建成大小洗煤台各 1 座，其中大洗煤台每日可洗 2000 吨，小洗煤台每日可洗 400 吨，两处共设提煤缸 26 座，所需循环水量每分钟达 16 吨，其最大马力数为 585 匹。直井中煤用升降机运出，平巷中煤用电车运出，至洗煤台筛选；大洗煤台专洗平巷中所出之煤，大洗煤台亚洲仅两座，萍矿居其一。此外，建成西法炼焦炉114座、耐火砖厂和煤砖厂各1座、电机房与打风房各1座、机械制造修理厂1座及发电厂等成套的采煤炼焦设备，这在当时也堪称最先进的技术装备了，由于炼焦炉数量大，可为汉阳铁厂提供足够的焦炭。与此同时，他们组织力量，先后安装完成了矿轨、煤车、起重、抽水、发电等机器设备，建设完成电报电话房、总局大楼及员工宿舍等基础设施。此时，张赞宸致电盛宣怀："车站、机厂、洗煤厂、炼焦厂、总局及一切屋厂统聚，此脚跟已立，大局已定。"

1905年，兵部尚书铁良在考察萍乡煤矿后，对萍乡煤矿主持人员赞誉有加。同年秋，清政府户部函咨盛宣怀，拟调张赞宸赴天津办理天津银行事务。1906年底，张赞宸奉调担任首任天津银行总办，林志熙继任萍乡煤矿总办，李寿铨、薛宜琳为会办。但是萍乡煤矿一时是离不开张赞宸的，盛宣怀向朝廷告之萍乡煤矿系张赞宸一手创办，去留关系全矿成败利钝，骤即离厂，势恐掣动全局，恳请缓调，后因张赞宸身染重症，入津之议遂成罢论。

经过几年的奋斗，萍乡煤矿规模粗具，拥有安源机矿一个主矿和紫家冲、小坑、高冲和小花石等4个分矿，同时还拥有上珠岭铁矿山、白茅锰矿山、盆形岭锑矿山、白竺铅矿山等矿产山权，并在紫家冲、小坑、龙家冲、王家源、高坑有土井14处，土法炼焦炉50座。安源机矿有东平巷和八方两个采煤系统。萍乡煤矿建成了具有近代机械化的洗煤台、炼焦炉、耐火砖厂、煤砖厂、土炉炼焦处等设备的大型煤矿企业。

1906年10月，安源总平巷穿通，但是总办张赞宸却因过度辛劳而病倒，员工为之十分痛心，各土炉一律停炼停挖，盛宣怀得知消息后，电催张赞宸急赴上海就医。在离开萍乡矿局前，张赞宸仍难超脱于矿局事务，他对制约萍乡煤矿发展的煤焦运道依然心存牵挂，认为："萍矿事妥，出煤日旺，惟株岳运道为矿命根，大局利害所关悉系乎此"，任事之忠令人感佩。①

张赞宸在任 9 年中，萍乡煤矿共收款 867.7 万余两，盘存款项 418.4 万两，支款 1250.2 余万两，收支相抵，盈余约 35.9 万两，其规模之庞大，工程之浩繁，亦可见一斑。

四、"株萍铁路"确保了煤炭的运输

萍乡位于湘潭边界，处于罗霄山脉北麓，多丘陵地带。萍乡东区的袁水流入赣江注入鄱阳湖，西区和北区栗水、萍水、草水则流入湘江注入洞庭湖。土法开采煤炭的时期，萍煤运输以水运为主，但是由于萍水通航时间短，进入九月，萍水渐涸，舟楫不能行。此外，夏初封坝，舟楫不通，五、六、九、十等月插秧收谷，采摘茶籽，农忙之际无从觅雇挑夫，有煤也难以向外运出。

萍乡煤矿开建后，萍乡境内的萍水河无法承载起巨大的煤炭运输量，煤炭对外运输经常受阻，加上萍煤在运输过程中管理不善，经常出现煤炭商户以次充好、船户掺杂砂石、铁厂收发所人员工作懈怠造成船只延期等弊端，使得汉阳铁厂的燃料得不到有效保障。这些问题基本都是因萍乡交通不便而衍生出来的，因此加快改善萍乡的交通状况，才是解决问题的根本之道。

1898 年，正值卢汉铁路动工，急需更多的煤炭炼钢造轨，为解决煤炭的运输困难，盛宣怀会同湖广总督张之洞上书光绪皇帝，提出在安源修建一条专门运煤的铁路，以降低运输成本，解决汉阳铁厂燃料供应不足问题。盛宣怀招股集资 600 万两，其中 200 万两作为铁路建筑费用。张赞宸、李寿铨在抓紧萍乡煤矿建设的同时，将铁路修建当做头等大事来抓。

① 参见黄领：《张赞宸开创萍乡煤矿的伟大实践及意义》，第二届汉冶萍国际学术研讨会论文集，第 37~44 页。

1898 年底，萍乡煤务局开始修建安源到萍乡县城西门宋家坊的铁路，该路路基系赖伦所勘测，统筹规划则由县令顾家相主持。1898年 12 月，设局购地。1899 年 4 月，购地事宜完毕，共占田地 333 亩。6 月动工，11 月修好路基，铺设铁轨，11 月 29 日，试行通车，11月 30 日铁路竣工，路长 7.23 公里，并命名为萍安铁路，为株萍铁路之开端。

除了修建矿区铁路，还必须修建萍乡对外的铁路，张赞宸与盛宣怀商议，拟修建一条萍乡至醴陵的铁路，将煤先由萍乡运到醴陵，再走渌江下湘江至长江，萍乡的煤炭通过长江可运至汉阳铁厂。盛宣怀将这一设想上奏清政府，朝廷很快批准了这条铁路的建设。1899 年，盛宣怀委任薛鸿年为总办，开始修筑萍乡至醴陵的铁路。8 月 4 日，盛宣怀派美总工程师李治、副工程师马克来和中国副工程师罗国瑞等勘测路线，到 11 月 20 日完毕，自萍乡城至湘东峡山口 15 公里，先行大量购地，之后破土动工。由湘东峡山口至插岭关（今老关镇）有 17.5 公里，于1900 年 2 月，开始勘定，4 月丈量完毕，业主订立契约六七百户之多。此时，因北方义和团运动波及萍乡，工程技术人员回到上海、武汉避难，导致工程停滞一年多。1901 年 7 月，工程技术人员陆续返回萍乡，重新施工。盛宣怀调著名铁路专家詹天佑前往萍醴铁路当工程师。当时主持工程事宜的是"洋参赞"美国人李治，詹天佑以知府的名义前往协助。李治等人无意修筑铁路，而且阻挠使用中国 1.435 米的标准轨距，结果，实际主持工程事宜的还是詹天佑等中国人。詹天佑在萍醴铁路工作了一年，到 1902 年 8 月袁世凯向英、俄两国交涉收回关内外铁路时，被调回参加接收工作。同年 11 月萍乡至醴陵段竣工通车，路长 38 公里，并命名为萍醴铁路。

萍醴铁路是株萍铁路的第二期工程，整段铁路自东向西依次建有萍乡、峡山口、老关、醴陵四站，在萍乡站西的青山埠，设有岔道，以便起运，并派有萍乡站副站长驻此进行管理。此铁路三跨渌水，分别在萍乡、峡山口、醴陵三站的东面建有大桥，最初所建桥梁除醴陵为钢桥之外，其他为木桥或石桥，峡山口站东的木桥长 140 米，醴陵钢桥长151.28 米。

张赞宸、李寿铨本以为萍煤能在醴陵转水路运至汉阳，未料渌水滩多水浅，无法承载煤炭运输，他们立即向盛宣怀报告这一难题。1901年春，萍乡县令顾家相自豫章（南昌）取道长沙返萍，乘便察看地势，力主从醴陵修至株洲，距离近节省费用。盛宣怀决定仍由薛鸿年承办此事，于1903年7月，派美总工程师马克来、副工程师休文和中国工程师罗国瑞等勘测铁路路基，将这条铁路延伸至株洲，求助湘江来运输煤炭。到11月勘测完毕，随即破土动工。1905年12月13日，醴陵至株洲铁路建成通车，最初叫醴陵铁路。全线接通后，将原有萍安、萍醴名称统称为萍潭铁路（当时株洲属湘潭县管辖）。至此，耗时6年多、耗资450万两白银的株萍铁路全线竣工通车，全长90.29公里，从此，安源的煤炭可直达株洲。

株萍铁路整条铁路共设安源、萍乡、醴陵、株洲四个大站及峡山口、老关、板杉铺、姚家坝、白关铺五个小站，铁路建成后由萍乡煤矿铁路处代管，属萍乡煤矿资产。这是江南最早的一条铁路。

修建株萍铁路主要的用途是为了把萍煤用铁路运至株洲，经湘潭、长沙、城陵矶转运局转运，然后下湘江再走水路至大冶和汉口炼钢。当时用于萍煤运销的轮船、钢驳和大小木驳就有30多艘，可见萍乡煤矿的繁荣景象。

由于萍乡煤矿煤焦质好且价廉，除主要供应汉阳铁厂外，销路甚广，很快便占领了长江中下游市场，萍乡成为江南地区最主要的能源供应基地，煤炭源源不断地运往长江中下游各个城市，甚至远销到日本、美国旧金山，不仅加强了萍乡与整个长江中下游地区经济的融合，而且有力地支撑着这一地区的经济发展。

1918年，安源与长沙的铁路贯通，并连接武汉，安源由此成为一个通衢繁富之地。

五、萍乡煤矿成为最大的新式煤矿

1907 年 10 月 15 日，盛宣怀亲临萍乡验矿，历时 10 年的萍乡煤矿宣告正式建成。萍乡煤矿总耗银 676.8 万两，生产能力达到日产原煤 1300 吨，日洗原煤 3400 吨，日产焦炭 600 吨，年产煤砖 5 万吨。萍乡煤矿建成后当年产煤 40 万吨，焦炭 11.9 万吨。萍乡煤矿的平均出焦率高于同期的英国，低于德国、法国和比利时，与美国基本相当。

据史料记载："溯当时创开萍矿，历尽险阻艰难，始有蓬勃之气象。盖该矿之大煤槽，在初开之安源西北紫家冲，山势崎岖，无运道可通，鼓就东南平坦可通安源地方煤脉外观之处，发轫开凿，直达紫家冲大槽。而山腹之内，石隔中阻，非洞穿不能，钻打炸裂，石凿千锤，费数年之苦若干血汗，始于前年直达大槽。其蕴藏之富，如入煤海矣。目前每日出煤一千五百吨，明年可增至三千吨。再阅三五年，汉厂发达，蒸蒸日上，则萍煤随之而盛，所炼焦炭，固深合化铁之用。"①当时萍煤运销走萍乡，直达湘潭铁路下湘江，再走水路到汉阳。运煤的轮船就有几十艘，可见萍乡煤矿的繁荣景象。

萍乡煤矿总局设有收支处、稽核处、工程处、化学房、绘图房、五金材料所、火车机器所、锅炉房、打风房、起重吊车房、堆煤场、洗煤台、炼焦炉以及饮食寄宿所、病房等部门；运输局设有汉阳运销局、岳州转运局、长沙分销局、株洲转运局、湘潭转运局等分局，以及武昌鲇鱼套栈房，拥有钢驳 24 艘，木驳 165 艘。

萍乡煤矿开办时，规模已很大，除了以上厂矿、机构外，还建有电报电话房、矿山救助站、医院、矿务学堂、员工小学、印刷厂、萍矿官钱号等生活服务配套设施。

① 参见吴杰、杨弃：《安源：百年煤矿话沧桑》，《国企》2012 年第 1 期，第 120~121 页。

总局下设 12 个处，46 个单位，拥有工人 1.3 万多名，工人的组成，湖南占 70%，湖北占 20%，萍乡只占 10%。此外，有德国矿师、总管、工程师、工匠 20 多人，中国委员、司事 200 多人。

煤矿洗煤台

1908 年，萍乡煤矿全面建成，整个煤矿彻底从土法开采模式转向西法机械开采模式。它不仅成为我国最早采用近代机械化生产、运输、洗煤、炼焦的大型煤矿，而且还是中国人自办的最大新式煤矿，被列为"中国十大厂矿"之一，位居全国第三，萍乡亦号称"小南京"。矿区万盏灯光，两旁的喷泉与炫彩的街灯交相辉映，蔚为壮观，时有中外来宾前来观光游览。萍乡煤矿后来居上，超过了开平煤矿的规模，尤以其丰富的资源、先进的技术设备、质优价廉的焦煤风靡一时，被誉为中国"第一之实业""东亚有数之大煤矿"。①

萍乡煤矿的成功与张赞宸、李寿铨的努力是分不开的。张赞宸在萍乡历时十年，任总办九年，历经艰辛，竟将当年"荒僻无人之境，变为通繁富之场"，为萍乡煤矿的建设与发展做出了不可磨灭的贡献，他却

① 参见黄领：《张赞宸开创萍乡煤矿的伟大实践及意义》，第二届汉冶萍国际学术研讨会论文集，第 37~44 页。

不幸积劳成疾。1907年2月2日，张赞宸赴沪疗病，4月13日，病逝于上海，卒年45岁。盛宣怀致挽联道："开萍乡实业，殚精竭虑，成绩昭彰，身后勋名，当与山灵同不朽；自芝罘来游，集益推诚，相期远大，生前气谊，有非铭述所能传！"对其创始之功，给予了高度的评价。

盛宣怀对李寿铨的评价也很高，他说："萍矿李寿铨为该矿创始之人，熟悉地方情形"，为萍乡煤矿做出了卓越的贡献。李寿铨在《萍矿说略》中也细述了建矿艰辛历程："创办之初，内地风气未开，百计阻挠，事多棘手。基础甫立，旋值更辛之岁，风鹤频惊，地方不靖，工程因之窒滞。嗣后又遭匪乱，工虽未戳辍，屡濒于危，此皆开矿以来叠经之磨折也。而卒以当事者坚韧镇定，上下一心，历尽艰难，得有此成功之日。"①

盛宣怀接办汉阳铁厂后，亦十分关心萍乡煤矿的建设，他多次来萍矿实地考察和处理公务，尤其是针对当时工业技术的落后，积极引进西方科学技术，聘用洋人专家来煤矿管理，同时开发高坑新矿。在开发高坑新矿时他力主雇用富有经验之洋矿师充做副手，帮助筹划着手办法，以及参酌工程进行之方针。据汉冶萍公司的老人著书回忆，盛宣怀多次来萍矿作指导，他还亲自下矿井考察，作风严谨，平易近人，工作中讲究实事求是，从来不浮夸虚假，为人低调，从不宣扬他自己。

萍乡煤矿的开挖，彻底解决了汉阳铁厂缺煤的问题。

---

① 盛承懋：《盛宣怀与汉冶萍》，武汉大学出版社2019年版，第120~121页。

第七章　竭尽全力为铁路提供合格的钢轨

一、盛宣怀关注钢轨的质量问题

盛宣怀在抓紧萍乡煤矿开发建设的同时，把解决铁厂的产量与质量问题也提上了议事日程，特别是关注由于生铁含磷过高而引起的质量不稳定问题。

汉阳铁厂的炼钢厂在 1897 年 5—6 月、轧钢厂在 1897 年 7 月之后开始实现正常生产。此后，生产逐步稳定，贝塞麦钢厂的月产量维持在 2000～2500 吨，西门士马丁钢厂维持在 400～500 吨的水平。[①] 这期间钢铁生产的主要问题是因含磷高而导致产品质量不稳定。

1897 年下半年，轧钢厂开始向正在修筑的卢汉铁路最初的一段(卢沟桥至保定)供应钢轨，1897 年 10 月 9 日，铁厂出现钢轨检验不合格的报告："……此次所验第三条钢质过硬，拉力只长一分，制钢轨不甚相宜。照泰西章程，验得第三条钢质如此，须将同时所出之钢轨再验一条，倘仍只拉长一分，应将全行钢轨概行废弃。目下各钢已经杂乱，未能照此章办理"，[②] 但是这并未引起工程师卜聂的重视。

1901 年汉阳铁厂为卢保路、保正路供给的钢轨全部完成，而此时

---

① 参见吕柏：《中国采矿业与钢铁工业》。

② 参见盛档，《顾培验轨报单》，光绪二十三年九月十四日。

负责卢汉铁路的洋总监沙多,则因铁厂生产的钢轨质量不行,拒绝继续订购铁厂的钢轨。直到1903年卢汉线使用铁厂的钢轨出现多处断裂现象,时任汉阳铁厂提调的宗得福才道出其中的缘故:"……又奉敬电,沙多云去年所运北轨,断者甚多,当即两次复电。旋据卜聂云,外洋轨质含磷只0.05,汉阳铁厂所拉之轨含磷皆0.12不等。历年皆伊设法,另用马丁钢炼成样轨,就铁路洋工师考验。此次验轨之洋人,闻北轨有断,颇觉认真。此后即难蒙混。"①原来负责钢轨生产的工程师卜聂在这么多年当中一直以含磷低的马丁炉钢拉成的"样轨"来对付各种检验,而检查人员又不认真,致使铁厂由贝塞麦炉生产的含磷相对高的钢轨得以顺利出售。

事实上,汉阳铁厂的质量问题不仅与先前张之洞引进的炼钢设备有关,还涉及铁厂从原料、生铁冶炼、炼钢到轧钢等各个环节。

首先,从钢轨生产来看,虽然汉阳铁厂同时引进了贝塞麦酸性转炉和西门士马丁碱性平炉,但是贝塞麦转炉生产了80%以上的钢,马丁平炉生产的钢不足20%,轧钢厂轧制的钢轨主要是用贝塞麦转炉生产的钢来轧制的。吕柏记录的数据也表明,"钢轨用材的含磷量达0.08%~0.12%",显然,此时所产的钢轨是用贝塞麦转炉生产的、磷含量较高(与标准相比)的钢材。②

其次,从原材料来看,钢轨含磷高源自含磷高的铁矿石和焦炭。就大冶铁矿各矿区的矿石来说,如果在冶炼时合理选择铁矿石,问题不是不难解决的,铁厂管理人员也早就知道这一情况,但是始终没有拿出很好的办法。为了能给卢汉铁路供轨,铁厂的洋工程师于是用马丁钢炼成的样轨来应付检验。

其实,早在1897年3月,高炉炉长、比利时工程师吕柏就向盛宣怀提出生铁含磷高的问题,他指出从成本考虑,铁厂应多用萍乡焦炭,

---

① 见盛档,《宗得福致盛宣怀函》,光绪二十九年二月初九日。
② 见吕柏:《中国采矿业与钢铁工业》。

但萍焦含磷重，只能选择含磷少的铁矿配合炼制，才能炼得合适的贝塞麦生铁，并对铁厂未能正常对焦炭和矿石进行化验和分类表示不满，他说："料质到厂，务当从实照常化验，则深知料质，可以参配下炉，照常出铁。……自去年开炉之后，日间尚未照常化验铁质以及各种料质，如矿土、焦炭等类。"①吕柏向盛宣怀反映"化学所未能如法化验"的情况后，盛宣怀当时指示郑观应立即采取措施，确保高炉的每批料质得到认真化验，使质量得以改善。盛宣怀还致信郑观应："记得纱帽翅所开之铁，含磷甚少，请阁下迅速致函赖伦"，想从源头上解决汉阳铁厂含磷太重的问题。

盛宣怀尽管先前在湖北涉足煤铁的勘探与开采，但是他对钢铁的冶炼技术与设备等，也是门外汉。他听说钢材的质量和冶炼设备与矿石的匹配关系很大，于是1899年1月，当年春节之前，他又一次赴大冶铁矿山查勘铁矿，并向铁厂聘请的洋人技师请教，特别是了解铁矿石的成分与设备的关系问题，然而，这些技师也讲不出个所以然来。1903年宗得福发现问题后，这才真正引起了盛宣怀的重视。

盛宣怀看到汉阳铁厂所生产出来的钢材，样子也很好看，但是质量不行，材质发脆，容易断裂。他弄不明白，为什么同样是煤和铁沙，同样是洋人的技术和进口设备，洋人生产出来的钢材，质量好得很，而汉阳铁厂生产出来的钢材，质量就不行。国内聘请的洋人技师也讲不出个所以然来，那只有派人到国外炼钢厂去，在炼钢生产的现场，一个环节、一个环节地仔细考察，找出我们问题的所在。

二、李维格一行赴欧美日进行考察

盛宣怀面对汉阳铁厂生产的钢材质量问题，认为需要对汉阳铁厂进行一次全面的技术改造，关键是要深入分析汉阳、大冶、萍乡三地的资

---

① 参见盛档，《吕柏致盛宣怀函》，光绪二十三年二月。

源，尤其是要掌握铁矿石与焦炭，以及它们相互之间配合的性能，在充分考察国外同等规模钢铁企业做法的基础上，找到汉阳铁厂钢材、钢轨质量不稳定的症结，通过技术改造和设备扩充来解决铁厂的实际问题。

盛宣怀很想亲自赴国外考察，彻底弄个明白，但是这是不可能的。为此，首先要找一位既通西文，又熟谙厂务的人携带铁厂的原料和产品出洋"求医问诊"，寻求答案，那究竟派谁去方能承担此重任呢，思考再三，只有请他的莫逆之交、汉阳铁厂的总翻译、苏州才子李维格出马了。

即使用今天的眼光来看，李维格也是此项任务非常合适的人选。李维格（1867—1929），字一琴，祖籍江苏吴县，1867 年生于上海南市区，幼时家境贫寒。早年游学英伦，留居清朝驻英参赞李经方的行邸，兼习法文，不久随驻英公使许景澄回国。因其精通英、法两国文字，对西方世界有实地了解，回国后受到清廷一些洋务派人士的赏识，遂于 19 世纪 80 年代末、90 年代初进入仕途，担任候选郎中之职。之后他又随翰林院侍讲崔惠人出访美国，随李经方侍郎、汪芝房太守出访日本，在此期间，他通过实地考察，进一步了解西方及东邻日本的发展，搜集各国工业科学进展的信息。那时国人学习西方，多注重政治制度及思想，李维格却与众不同，他注重格致之学（即物理学等自然科学），称得上博学多才。李维格 1896 年 4 月起任汉阳铁厂总翻译，从此进入钢铁事业，虽后来转入《时务报》并致力于《湘报》和湖南时务学堂的创办工作，但经盛宣怀力邀，最终回到上海任南洋公学之提调，兼教书译书。1900年重新回到汉阳铁厂，掌管汉阳铁厂西人商务，从那以后，李维格一生未离开汉冶萍公司的钢铁事业。

早在 1902 年 9 月，李维格就致信盛宣怀，提出汉阳铁厂减轻成本、广开销路的六种办法，其中就有游历洋厂一项，并毛遂自荐出国考察，得到盛宣怀的支持。

1902 年，盛宣怀在给朝廷的报告中写道："……制造必取法于人，耳闻不如目见，臣久思亲赴各国一观其布置而不得其暇，只得遴派妥员代往考察。兹查有总办湖北铁厂三品衔候选郎中李维格，心精力果，体用兼赅，本来谙熟方言，近复留心工学，臣与李维格坚明约束，铁厂之成败利钝，悉以付之……臣已代筹资斧派令该员带同洋工程师一名，克日驰赴日本，先阅其新开铁厂，即由日本放洋赴泰西各国，游历各厂，究其工作精奥之大端，彼何以良？我何以楛？彼何以精？我何以粗？他山之石，可以攻错。"①

1902年10月，盛宣怀正式派李维格偕同在厂工作的英国工程师彭脱、德国矿师赖伦赴欧洲实地考察。

1902年10月24日，李维格乘日本邮轮"博爱丸"前往日本，10月28日参观日本制铁所(八幡制铁所)，当他准备继续登邮轮前往美国时，却被盛宣怀以铁厂两炉齐开和筹划借款为由召回国，这让本想借此成就一番事业的李维格非常失望，萌生退意。此时盛宣怀面临着李维格去留的问题："此君之长，在廉谨明达，不参私见；此君之短，在游移文弱，中无主宰。然与贤阮(原意为魏晋间'竹林七贤'中的阮籍、阮咸叔侄二人。此指盛宣怀的侄子盛春颐，此人1897—1904年任汉阳铁厂总办)絜量高下，实尚略胜一筹。用人难，用人于危疑震撼之间尤难。"②李维格从日本回国后，盛宣怀决定让李维格暂留上海，负责筹借外资。实际上，当时即使让他们继续欧美考察的行程，回来之后也无资金扩充铁厂的设备，进行技术改造。当时正值卢汉铁路施工的紧张阶段，盛宣怀首先要保证铁路建设的资金。

盛宣怀对人才是十分尊重、十分爱惜的。1898年夏，李维格曾应聘于由盛宣怀创建的南洋公学任教授。当时，学校设立了师范院、外院、中院和上院四所分院，李维格于师范院教授英文。尽管执教时间不长，但是李维格在此期间以专业水平卓越、教学水准一流、认真执教、诲人不倦的高尚品行令广大师生敬佩。盛宣怀对其的人品、学识早有所

① 见盛档，《铁厂派员出洋片》，光绪二十八年九月。
② 见盛档，《杨学沂致盛宣怀函》，光绪二十九年正月初八日。

知。盛宣怀认为，某人既有贤才，就应任之专，任之久，充分发挥其作用。盛宣怀说："李维格工程本领，系在汉厂历练而成……铁厂之成败利钝，悉以付之。用人之道，必当用其所长，尤当久于其任。若用之不专，或朝令暮改，皆不足尽其才。"①

三、李维格领衔，解决钢材质量难题

1904 年卢汉铁路建设集中于黄河大桥的兴建上，大规模铺轨即将展开。汉阳铁厂由于与日本签订了供应铁矿石的合同，盛宣怀筹集到了大笔资金，于是他下决心扩建企业，趁此机会对企业进行技术改造，从而解决困扰多年的质量问题。

盛宣怀便再次指派李维格出国考察。与上回不同，此次盛宣怀为其详细拟定了考验矿质、考究厂务、访聘工师、购办机炉以及筹补用款等五大项 41 小项任务，其中考验矿质被列为头项任务，并分别就焦炭、铁矿、炉砖原材料及其与炼铁轧钢各方面的关系都作了细致的要求，可见盛宣怀深知只有掌握了汉阳铁厂炼铁原料的特性，才能对症下药，从而获得合理的技术改造方案和购置设备。

关于矿石含磷过高的问题，盛宣怀在给李维格出国考察的指令《札李维格文》中，第一项就是"考验矿质"，即"大冶铁矿含质如何，用萍焦能否相配，其磷轻者可制贝色麦钢，其磷重者能否制马丁钢，又能制何等翻砂生铁"，李维格在《出洋采办机器禀》中，实际上把考察"生料（即原料）"作为第一项，强调"铁厂命根，全在铁石、焦炭"。事实上，铁矿石磷多是导致质量问题的重要因素，但不是唯一因素……焦炭也可能磷多(萍乡煤矿焦炭磷重有史料为证)，因此导致铁厂钢轨质量问题的"矿石"磷多的原因，既涉及大冶铁矿石，又包括萍乡的焦炭，不仅

---

① 见盛档，盛宣怀《寄张宫保》，光绪三十二年八月二十日。

如此，还涉及用人和技术的因素。①

李维格为这次出国考察作了充分的准备，分别取大冶及萍乡的矿石、焦炭样品以及铁厂的成品装箱随船携带，仅大冶矿石样品按照矿石不同的地点就分装了 8 箱，每箱重达半吨。

关于"考究厂务"，盛宣怀与李维格商定，着重考察欧美小厂规模的情况；如何降低焦炭炉成本，又能制成上等焦炭；生铁炉如何节省焦炭，可否用碎铁石、碎焦炭代替；生铁炉是否以二百吨为合算；生铁水如何调和、令其直达炼钢炉；贝塞麦炉如何添办；马丁炉如何添办；钢板、钢条、轧轴冶炼办法；商务核算等九个方面的问题。

关于访聘工师、购办机炉以及筹补用款等项，盛宣怀也一一作了认真的考察部署。

自 1904 年 4 月 8 日启程，李维格等一行先后赴日本、美国、英国和德国考察，在美国匹兹堡对炼铁原料使用尤为注意，在英国寻访钢铁专家，化验矿石及成品样品，以征求最合适的炼制方法，历经近 8 个月，于当年 11 月 27 日回到上海。对于大冶、萍乡的矿石、焦炭样品经考察后得知："大冶铁石、白石、萍乡焦炭，并皆佳妙，铁石含铁百分之六十至六十五分，而焦炭则等于英国最上之品"；对于钢轨生产得知："炼钢有酸法碱法之别，酸法不能去铁中之磷，惟碱法能之"，"汉厂贝塞麦系酸法，而大冶矿石所炼之铁，含磷过多……而含炭少，磷多则脆，炭少则软。卜聂炼钢，减少含炭分数，使其柔软，以免断裂，然柔则不经摩擦，轻易走样……此汉厂贝轨所以不合用也"。在考核了原料和钢质之后，李维格决定听从英国专家的意见，废弃贝塞麦法而改用马丁碱法炼钢，并据此筹备购买新机炉之事，把新设备的购置重点放在"炼造碱法马丁钢、船料、桥料、屋料等货"。②

---

① 参见张泰山：《原料与技术：清末汉阳铁厂废弃贝炉浅议》，第二届汉冶萍国际学术研讨会论文集，第 243～249 页。

② 见盛档，《李维格呈出洋采办机器禀》，光绪三十年十二月十二日。

　　经过出国实地考察，李维格找到了汉阳铁厂生产出的钢材质量不佳的症结所在，即"矿石"含磷过高，导致钢轨易脆、易裂。他发现汉阳铁厂所采用的炼钢设备与炼钢方法，不适宜炼含磷过高的矿石。①

　　李维格回国之后，针对"矿石"含磷过重的原因，立即向盛宣怀建议，购置新设备，改造旧式炼钢炉，放弃原用的贝塞麦转炉，改用马丁碱法炼钢炉，同时改进工艺，去除磷质。盛宣怀对这一建议颇为称许，并指示照办。这样，就使"十余年未解之难题，一朝涣然冰释"。李维格说："在洋考察，既有把握，于是绘图贴说，广招英、美、德专门名厂投标，并与同行之萍乡矿师赖伦，及新雇之工师等，一再讨论，剔破疑团，然后分别订定。归国后激励同人，勇往从事，胼手胝足，四年苦工，于去冬（1907年）十月告成出钢。"②

铁厂轧制的钢轨

　　从李维格回国，购置新设备，再到炼出第一炉真正合格的钢材，又花去了整整五年的时间。这为"西法炼铁，事非素习，无以得其窍要，计穷力竭，欲罢不能"③的盛宣怀，解决了又一个阻碍前进的拦路虎。

　　① 参见方一兵：《汉冶萍公司与中国近代钢铁技术移植》，科学出版社 2011年版，第 37~40 页。
　　② 参见李维格：《汉冶萍公司历史说略》，民国初年。
　　③ 参见李维格：《汉冶萍公司历史说略》，民国初年。

四、奋斗十年，炼出了合格的钢材

为了尽早炼出合格的钢材，李维格在英国工程师彭脱、德国矿师赖伦的协助下，采取了招标的办法："自开清单，招英、德、美专门名厂十数家投标，复与同在外洋之萍矿总矿师赖伦及聘定之新工师，投标之各厂家，一再讨论辩难，然后分别定断。"①由于是招标，汉阳铁厂此次设备引进分别来自英、德、美三国的 9 个厂家，而且价格上也比较节省。

此次出洋采办的机器以炼钢和轧钢设备为主，对于炼铁高炉，李维格计划通过换风机和添造热风机来提高原有高炉的产量，达到每炉每天出产 100 吨，从而有 200 吨的日产量，与添置的炼钢炉产能相匹配。1905 年 9 月，他致信盛宣怀提出在对原有高炉进行改造的同时，应该再建造一座日产 200 吨的炼铁高炉，并再添置两座炼钢炉，以达到月钢产量 8000 吨的目标，满足日益增大的铁路建设的需要。②

新建设的高炉是由总工程师吕柏设计的，吕柏曾担任汉阳铁厂高炉炉长 6 年，他对铁厂生铁冶炼的情况非常熟悉，因此不论从技术上，还是从成本上说，他都是新高炉建设非常合适的人选。

在张之洞主持汉阳铁厂时期(1890—1896)，主要技术引进是设备及其建设、投产，技术大多来自英国、比利时。首先，这一阶段的技术引进是政府行为，技术引进的决策者是张之洞与驻英大使刘瑞芬等政府官员，而且是在没有本土技术基础情况下进行的，张之洞获得技术信息的渠道依赖于驻外使馆官员咨询的结果，可以想象那些使馆官员是不可能熟悉钢铁技术的，依靠这种途径所作的选择，本身就存在很大的风险，而风险还来自决策者自身对相关知识的缺乏，这也是铁厂一投产就

① 参见盛档，《李维格呈出洋采办机器禀》，光绪三十年十二月十二日。
② 参见盛档，《李维格致盛宣怀函》，光绪三十一年八月初八日。

遇到焦炭供应不上，以及钢轨质量不合格等诸多问题的主要原因。其次，从技术引进的方式看，技术传递只能单方面全方位地依赖技术输出方英国和比利时两国，由英方设计规划铁厂、提供设备、负责建造，技术引进的技术人员是英国、比利时、卢森堡等国的工程师，在此情况下输出方的态度对技术引进的效果至关重要。而当时张之洞与刘瑞芬从沟通到做出决策，均显得十分仓促，在这种情况下，技术引进的效果只能单纯建立在外国技术人员的个人水平和工作态度上，这就更增大了风险。最后，这种技术引进直接跨越了两种不同的社会文化体系，由于这是技术引进的最初阶段，技术的传递者是来到中国不久的外国技术人员，而中方职员是晚清政府官员、传统文人、地方乡绅，即来自欧洲工业社会的外国工程师要与中方这些职员直接共事，双方在价值取向、办事方式上存在很大的差异，极易产生矛盾。而技术引进带来的煤铁矿大规模开采，势必对当地传统生产生活带来影响，从而引发文化冲突。

而由李维格主持的这次技术引进，是设备引进和改扩建；技术来自德国、英国、美国。首先，该阶段的铁厂已经为商办企业，且管理者已经有了一定的钢铁技术常识和经验，决策者是铁厂督办盛宣怀，他十分重视对技术信息的调查，派遣在企业任职多年且通英文的李维格以及外籍工程师赖伦、彭脱等赴美国、欧洲进行调研，并携带了铁厂的矿石、生铁等产品去进行考验，对症下药，获得的技术信息准确，并且符合铁厂的实际情况。其次，在技术引进的决策方式上，采用的是招标方式，设备来自多家企业。而高炉的设计由在厂工作多年的吕柏负责，根据其设计再订购设备。可以说，这一阶段引进的设备是符合铁厂的矿石资源条件和生产目标的，是相对合理的。最后，从效果来看，由于所引进的设备与铁厂的资源相匹配，引进的技术比较合理，因此解决了铁厂的产品质量问题，当然，不能不看到，产品的生产成本还比较高，一定程度上影响了技术引进的效果。但是，应该肯定这是在本土技术能力欠缺的情况下，一次相对合理和成功的技术引进。

李维格在主持这次技术引进过程中，得到盛宣怀充分的信任。1905年1月17日，在他即将上任之时，他向盛宣怀提出："此次订购机炉，选用工师，均司员一手经理，久荷知遇，欲委以总办厂务，司员现无可诿辞。……用人行政，须有专一全权，宫保（即盛宣怀）既予之，则或有所设施，或有人请求，事无巨细，均须饬由司员议复。"①

盛宣怀对于李维格的要求，爽快地答复道："该郎中既坚明要约，本大臣自应坦白宣示。……该郎中应即日驰赴汉阳铁厂总办厂务……所有汉厂旧款，新旧兼顾，应用之款，悉系本大臣一人之责，断不使该郎中有内顾之忧。……至本厂用人办事，准如该郎中所禀，给予全权，本大臣必无丝毫掣肘。"②

外国使团参观汉阳铁厂

经过李维格与众工程技术人员的努力，1907年冬，汉阳铁厂终于炼出第一炉真正合格的钢材，不几天，盛宣怀就赶赴湖北"来鄂验视新钢"，为"居然媲美欧洲"而自豪，为"东西人来阅者，皆称中国亦能做

① 参见盛档，《李维格呈出洋采办机器禀》，光绪三十年十二月十二日。
② 参见盛档，《盛宣怀批李维格禀文》，光绪三十一年二月。

到如此"而高兴。①

五、为加快钢轨供应创设汉冶萍公司

汉阳铁厂在盛宣怀的主持下，找到了萍乡煤矿，解决了煤炭这个关键的原材料，接着，又由李维格领衔，闯过了钢材质量关。这时正"值各省兴筑铁路，经邮传部通行各省，一律购用"汉阳铁厂的钢轨和其他有关部件，销路此时不成问题了。

为了降低成本，增强竞争能力，盛宣怀又在考虑如何减少汉阳铁厂的税收负担问题。他在 1901 年铁厂续免税厘五年的情况下，于 1906 年请求政府再减免十年。这样，汉阳铁厂的免税特权就受到种种非议。对此，盛宣怀愤慨地予以驳斥，他在给商部的信中说，汉厂"几经挫折，近甫转机，若自运中国口岸，先为税厘所困，出运他国口岸，又为彼国进口重税所困，势必各省尽销洋铁而后已，势必汉厂商力告竭即日倾覆而后已！如中国何？如大局何"？② 经过盛宣怀的努力，续免税厘的请求亦获得批准。

1907 年 6 月初，盛宣怀开始推动汉冶萍合并商办案，到 8 月中旬得到江、浙官绅商各界的响应，并争取到张之洞的支持。

所有有利因素的汇合，使得汉阳铁厂大有起色。盛宣怀认为，汉厂不仅站稳了脚跟，且有大发展的可能，具备了煤铁厂矿联合起来的条件，可以实现盛宣怀多年煤铁"合为一家"的夙愿了。

1907 年"汉冶萍煤铁厂矿公司"正式挂牌宣告成立，盛宣怀出任第一任总理，李维格出任协理。经过近一年的酝酿与准备，1908 年春，盛宣怀赴清政府农工商部注册，奏请朝廷批准，将汉阳铁厂（汉）、大

---

① 以上参见方一兵：《汉冶萍公司与中国近代钢铁技术移植》，科学出版社2011 年版，第 37~41 页。

② 参见盛档，盛宣怀：《致商部税务大臣》，光绪三十二年八月初二日。

冶铁矿（冶）、萍乡煤矿（萍）合并为一，成立"汉冶萍煤铁厂矿有限公司"。其中汉阳铁厂和大冶铁矿由张之洞始创于1890年，大冶铁矿不是一个独立的经济实体，隶属于汉阳铁厂，经济管理形式上，张之洞采用官办体制。1896年，盛宣怀接办之后，改为官督商办体制，张之洞则成为铁厂合法的官方监督，并写进了铁厂官督商办章程中。萍乡煤矿采用近代化的大机器生产始于1898年，由盛宣怀主持，并采用官督商办体制。在1898年至1908年3月间，汉阳铁厂和萍乡煤矿是两个独立的实体，现在，盛宣怀下决心要将它们合二为一了。

盛宣怀在奏折中说："臣去秋由汉而萍，验收汉阳新钢厂，履勘萍乡大煤槽，风声所播，商情踊跃，沪汉等处华商拟议加集巨股大举合办。先是臣已函商前督臣张之洞，力筹保守之策，拟将汉冶萍煤铁合成一大公司，新旧股份招足二千万元，一面拨还华洋债款，一面扩充炼铁……以商办已见实效，自应循照成案，以期保全中国厂矿挽回中国权利。"①

盛宣怀之所以要将汉阳铁厂、大冶铁矿与萍乡煤矿合起来办，原因是多方面的。首先，是为了募集资本与还洋债。"因本厂所用商本已七百数十万两"，"尚需添本二百万两"，"而本厂实在商股只有一百万两，萍乡商股亦只有一百五十万两，其余皆属重息借贷之款，认利息不认盈亏，断非正办，尤非久计"。② 盛宣怀认为只有通过合办，招集商股才能彻底解决资金不足问题。其次，是为了抵制日本觊觎，挽回国家利权。盛宣怀认为："外势日重，觊觎日险，汉冶滨江，尤难保护，明示中外此厂矿为全国商力团结而成，自较官办为稳慎。倬势孤力弱，遍求

---

① 见盛档，盛宣怀《汉冶萍煤铁厂矿现筹合并扩充办法折》，光绪三十四年二月。

② 见盛档，盛宣怀《汉冶萍煤铁厂矿现筹合并扩充办法折》，光绪三十四年二月。

不应，何敢再事游移，坐误大局？"①他在这里所指的，就是日本对大冶铁矿的野心。盛宣怀认为汉冶萍的合并商办，有利于抵制日本的野心，维护国家利权。再次，是从煤铁关系角度考虑的。盛宣怀说："若将铁厂、煤矿分招，则萍煤招足甚易，汉厂人皆震惊于旧亏太巨，成本过重，虽老股亦不肯加本，新股更裹足不前，是以十年之久，屡招屡辍，竟致无从提起。"他又说："现因铁厂、煤矿相依为命，若仍前分作两公司，难免畛域。"②盛宣怀是从招股及解决汉厂、萍矿内部的关系考虑的。最后，是从张之洞调离湖广总督后，对汉冶萍可能产生的影响而考

汉冶萍公司成立

①　见《盛宣怀致吕海寰函》，《汉冶萍公司（二）》，上海人民出版社 1984 年版，第 615 页。
②　参见《盛宣怀致张之洞电》，《汉冶萍公司档案史料选编》上册，第 204 页。

虑的。当时，张之洞即将调离湖广总督职位，盛宣怀很担心如同轮船、电报当年被袁世凯抢夺那样，由于张之洞的离任，给汉冶萍带来某些不测，为了便于掌控，他需要尽早合并商办。①

1908 年 11 月 7 日，清政府正式批准"汉冶萍煤铁厂矿有限公司"成立，确定公司设在上海，由盛宣怀任总理，李维格任汉冶萍公司经理兼汉阳铁厂坐办。"汉冶萍"堪称"中国钢铁工业的摇篮"，也是当时亚洲最大的钢铁联合企业，汉冶萍堪称"中国的第一个钢铁托拉斯"。

汉冶萍公司当年盛况

经过几代人的努力，汉阳铁厂以及之后的汉冶萍公司，为卢汉铁路及其向东南西北的伸展，提供了合格的钢轨。粤汉铁路（广州至汉口）全长 1096 公里，其中的 670 公里使用"汉轨"；正太铁路（石家庄至太原，为卢汉铁路支线）全长 123 公里，1907 年 10 月通车，全部使用"汉轨"；津浦铁路（天津至浦口）全长 1009.5 公里，1911 年完工，其中北

---

① 参见李玉勤：《对盛宣怀合并商办汉冶萍公司决定性原因的考察》，第一届汉冶萍国际学术研讨会论文集，第 51~60 页。

段中 290 公里使用"汉轨";广九铁路(广州大沙头至九龙)全长 179 公里,分华英两段,其中华段由大沙头至深圳长 143 公里,全部使用"汉轨";吉长铁路(吉林至长春)全长 127 公里,1912 年通车,全部使用"汉轨"。此外,"沪杭甬"使用"汉轨"185 公里,"株萍"使用"汉轨"90 公里,"陇海"使用"汉轨"456 公里,"四洮"使用"汉轨"88 公里,"南浔"使用"汉轨"78 公里,使用"汉轨"几乎成为筑铁路的标配。① 这为盛宣怀依托卢汉铁路这个核心,较快地向东南西北伸展,创造了条件。

---

① 参见顾必阶:《中国铁路建设与汉冶萍》,第一届汉冶萍国际学术研讨会论文集,第 481~489 页。

第八章　督办粤汉铁路的来龙去脉

一、盛宣怀获得粤汉铁路的督办权

在盛宣怀被任命为卢汉铁路督办的三天后，即 1896 年 10 月 23 日，郑观应敦促盛宣怀要进而取得粤汉铁路的督办权。郑说："南路之利，胜于北路"，务必揽办，"毋致别人承揽"，以致"我得其瘠，彼得其肥"。①

粤汉铁路是跨越鄂、湘、粤三省，与卢汉铁路相衔接的、贯串中国南北的干线铁路，线路全长 1096 公里。筹划建造粤汉铁路是在 1897 年 10 月，即盛宣怀与比利时公司签订了卢汉铁路借款草约后不久，鄂、湘、粤三省绅商即上呈清政府《湘鄂粤三省绅商请开铁路禀》，建议建造粤汉铁路。同时，为杜绝列强觊觎利权，三省绅商表示愿集资招股，以期迅速开办。鄂、湘、粤三省绅商集资兴修粤汉铁路的建议，立即得到清政府有识之士的赞同。

随着卢汉铁路修建的启动，西方列强在中国抢占路权之风盛行，盛宣怀描绘这种情景时说："吉黑北路已经许俄代造，滇桂南路，法亦来争代造"，卢汉、粤汉等干路，"英、德眈眈虎视，几若不得此不甘心

---

① 参见《郑观应致盛宣怀函》，光绪二十二年九月十一日、十七日。

者".① 面对这种形势，盛宣怀针锋相对地与西方列强展开了争夺路权的斗争。

自从德国占据胶州湾后，之后俄国占领旅顺，法国窥视琼州，日本图谋福建，英国则有图扼长江之谋，国家被瓜分的危机日益严重。1898年2月，盛宣怀在向清廷上奏、陈述此种危急形势之后，要求粤汉铁路一定要中国人自办，他说："是各要害口岸，几尽为外国所占。仅有内地犹可南北自由往来，若粤汉一线再假手英人，将来俄路南引，英轨北趋，只卢汉一线局蹐其中，何能展布？惟有赶将粤汉占定自办，尚堪稍资补救。故此路借款，断以美国为宜。若无意外枝节，竭六七年之心力，当可使南北干路相接。"②

由于有绅商的造路热情，又有地方官员的支持，1898年1月28日，直隶总督王文韶、湖广总督张之洞、督办铁路大臣盛宣怀联衔奏请速办粤汉铁路："该三省绅商，立意既同，舆情已洽，自必众志成城，无所摇惑。如蒙谕允，应请饬下两广总督、广东、湖南、湖北抚臣，与臣等随时会商妥议，招集华股，酌借洋债，并选举各省绅商，设立分局，购地鸠工，认真办理。"

1898年2月6日，清政府发布上谕，正式批准了自主兴修粤汉铁路的奏请："着王文韶、张之洞、谭钟麟、谭继洵、陈宝箴、许振祎随时会商盛宣怀，妥议招股借款各节，并选举各省绅商，设立分局，购地鸠工，认真办理。各国如有以承办此路为请者，即由总署王大臣告以三省绅商，自行承办，已有成议，或可杜其要求。"清政府规定粤汉铁路仍由盛宣怀督办，"盛宣怀奉谕妥速筹办粤汉、卢汉等"，盛宣怀督办粤汉铁路的目的基本达到。

当时占夺粤汉铁路的劲敌是英国，在盛宣怀已经取得督办粤汉铁路

---

① 参见盛宣怀《筹办卢汉铁路情形并呈比国借款草合同折》，光绪二十三年四月。

② 参见夏东元：《盛宣怀传》，四川人民出版社1988年版，第507页。

之权后，英国仍喋喋不休地向清廷索要该路的承筑权。盛宣怀则采取由"总公司综其纲领"的湘、鄂、粤"三省绅商自行承办"的办法，坚决将英国拒之门外。盛宣怀上奏清廷说："现在沿海沿边，无以自保，要在保我腹心，徐图补救。若使英人占造粤汉轨道，既扼我沿海咽喉，复贯我内地腹心，以后虽有智勇，无所复施。中国不能自立矣！"①盛宣怀要确保粤汉路不被侵占。

但由于三省招募商股屡次不敷，而美国合兴公司又乘机活动欲为粤汉铁路借款，清政府便与之于 1898 年 4 月签订了《粤汉铁路借款合同》，继而于 1900 年 7 月又订立《粤汉铁路借款续约》，其主要内容是借款四千万美元，九折实付，年息五厘，偿还期 50 年，铁路由美方代修，以铁路财产担保，铁路由合兴公司包筑；借款本利未还清以前，铁路由合兴公司代为经理；美国人不能将此合同转与他国及他国之人；若无意外延阻之事，自开工之日起，三年之内，应将全路建成，等等。

二、粤汉铁路与美国的"订约"与"废约"

盛宣怀在获得粤汉铁路督办权后，即着手筹集修筑该路的资金，由于美国合兴公司十分主动，开价又尚可，1898 年 4 月 10 日，盛宣怀委托驻美公使伍廷芳在华盛顿与美国合兴公司签订了《粤汉铁路借款合同》。

1899 年 7 月，盛宣怀感到美合兴之约颇为狡狠，恐之后驾驭更难于比（比利时），于是想辞去粤汉铁路督办之职，专心卢汉铁路事宜，以减轻身上负担，他将想法告诉张之洞，张复电谓："美约不成，必为法占。若南北两干均归一国，如大局何！"不同意盛宣怀辞去粤汉路之责。

---

① 参见盛宣怀《湘粤鄂三省绅商请承办粤汉干路电奏》，光绪二十三年十二月二十二日。

这样，1900 年 7 月 13 日，盛宣怀又委托驻美公使伍廷芳与美国合兴公司签订了《粤汉铁路借款续约》。

但合同签订后不久，美国对西班牙发动战争，1900 年，中国又爆发义和团运动，1901 年合兴公司的第一任经理巴时不幸去世，受此影响，粤汉铁路主体工程直到 1902 年仍未动工，清政府先前"三年之内建成粤汉铁路"的愿望落空。

1902 年 3 月 1 日，英国福公司有意接手粤汉铁路。盛宣怀认为，如有必要，亦须俟卢汉铁路完工之后，察看情形方可。翌日，他致电张之洞："福公司所商路事，敝处坚持未允。"7 月 8 日，他又致电外务部：葡萄牙索造铁路，意在推展澳界，图占香山，如不允所请，只能由葡借款筑造作为中国支路，并须订立合同以清界限，而保主权。

1902 年 10 月 24 日，盛宣怀的父亲盛康去世，他即电请开去各差缺，安心守制。旋奉谕旨："卢汉、粤汉铁路总公司及淞沪铁路筹款、购地、买料、修工事宜，仍着盛宣怀一手经理。"张之洞也认为铁路不可易人。盛宣怀三辞不获，事实上其他一些差缺也并未开去，改为署任。

更令人遗憾的是，巴时去世之后，合兴公司由于资金短缺而将三分之二的股票转售给比利时。此举严重违反了《粤汉铁路借款续约》中关于"不能将此合同转与他国及他国之人"的规定。面对合兴公司背信弃义、无视中国主权的行径，中国朝野人士尤其是鄂湘粤众商无法接受，于是发起了一场"拒美"运动。

1904 年 5 月，收回粤汉铁路权的呼声甚高，盛宣怀赴江宁与张之洞、魏光焘商议美国合兴公司废约事。7 月 2 日，盛电告外务部：各国公司每于合同夹缝中力争权利，稍一放松，则数十年吃亏无尽，必须警惕。

为了阻止中方废约，美国合兴公司开出了高达 675 万美元的赎路费，然而中国朝野仍决心废约。1905 年 8 月 29 日，驻美公使梁诚与合兴公司在华盛顿订立《收回粤汉铁路美国合兴公司售让合同》，规定废除以前关于粤汉路的两个借款合同，中方支付合兴公司 675 万美元，用于支付已成线路的投资以及弥补合兴公司因合同作废所造成的各项损失。

面对美方的无理要求，清廷却打算委曲求全，并不准盛宣怀参与此事。1905 年 9 月，盛宣怀接到谕旨：粤汉铁路废约事，责成张之洞、梁诚一手经办，盛宣怀不准干预。张之洞奉旨督办粤汉铁路。11 月，张在武昌召集三省绅商会议，决定采取粤、湘、鄂"各筹各款，各修各路"的办法。

在张之洞等的主持下，签订了与美国合兴公司的废约。废约合同签订后，马上就要付款，而这时无论是清政府还是三省商民都无法筹得巨额现款，在这种情况之下，清政府只得于 9 月 9 日与英国订立《香港政府粤汉铁路借款合同》，借 110 万英镑用于交付合兴公司的赎金，赎回了粤汉路权，所借英款则由粤、湘、鄂三省分 10 年摊还。同时，清政府允许三省绅商分别集资，设立铁路公司，分三段修造粤汉铁路。

粤汉干线路权赎回后，三省筹款建路的热潮很高，湘、粤两省还选出代表到湖北开会，订立了 14 条公共条款和铁路建成后的 4 条行车条款。1906 年 2 月，鄂省成立湖北商办粤汉、川汉铁路股份有限公司，3 月，粤省成立广东全省粤汉铁路总公司，6 月，湘省成立湖南全省铁路有限公司。

1906 年 3 月，卢汉铁路已经建成，盛宣怀卸去铁路差使，并裁撤上海总公司，由此盛宣怀与粤汉铁路的修筑也不存在任何关系，督办铁路总公司一事至此结束。

三、盛宣怀与张之洞在"废约"上的分歧

盛宣怀深知湘鄂粤三省并无实力修筑粤汉干路，故他无意废约，但却想借三省绅民之力，迫使合兴公司回到合同规定的条款上来，收回比

方股权，按期完工。但是他的这一想法却为三省绅民不容。

1904 年 5 月，盛宣怀"赴江宁就张文襄、魏午帅商合兴废约事件。合兴者，粤汉铁路美国借款之公司也。定约在戊戌开办。在壬寅，佛山、三水已通车，湘省已勘地，而湘绅闻该公司以股份分售，比国指为背约，力请作废。美政府则谓：公司分售股票，例所不禁，坚不肯承"。① 与张之洞、魏光焘商议美国合兴公司废约一事后，盛宣怀即电告驻美大使梁诚，让其向美提出废约要求，并派铁路总公司参赞福开森回美"曲为斡旋"，并提出了暗中收买比方股票以收回路权的主张，要求三省尽快筹集资金，这得到了张之洞的支持。

当盛宣怀得知美政府坚决支持合兴公司，而三省资金又难以筹足时，他对废约失去了信心，接受了以美接美或中美合办的主张，并将之禀告张之洞。而三省绅民见盛宣怀没有拿出切实可行的措施，未使废约有重大进展，便对其群起而攻之。

此时，张之洞见民心不可违，便扛起了废约大旗，以"三省代表"自任，直接、间接地将责任完全推给了盛宣怀。他向朝廷解释说："粤汉路事，初以系铃解铃，望之某公。乃延宕数月，总是拖泥带水，不肯摆脱一切，继悟此事非将其撇开不可，乃往电梁使，密筹机宜"，"总之，此事敝处已力任其难，必当妥筹结束，收回主权，但必须祖美者不与闻，方免横生枝节"。②

1905 年 9 月，盛奉谕旨："据张之洞电称：接梁诚电，粤汉铁路废约合兴股东已批准草约。美外部电称：美廷决不挠等语。仍著责成张之洞、梁诚一手经理，盛某不准干预。"命令下达之日，有人为府君（盛宣怀，下同）不平。府君叹然曰："自吾与外人交涉，未有如此事之棘手者，今遵旨卸责，福我甚矣，又何撼焉！""初粤汉贷美款，文襄本力赞

---

① 参见盛同颐等：《杏荪公行述》，《龙溪盛氏宗谱·附录二》，2011 年修订。
② 参见宓汝成：《中国近代铁路史资料：1863—1911》，中华书局 1984 年版，第 773 页。

其成。惟以谋国之忠，动于两省士绅流弊甚大之言，顿翻前议。湘争尤烈。"①"当此紧要关头，之洞与宣怀之间，已因粤汉路事，而起政争矣。"②

为避免引起中美交涉，顾全美国面子，张之洞将废约改为赎路，抱着"重在收回路权，不惜多费"的宗旨，以 675 万美元巨资于 1905 年 8 月将粤汉路路权收回。但他所持的宗旨，使中国损失了太多的赎路费，三省人民路未修而先背巨债，粤汉路的修筑也变得遥遥无期，有违筑路富国裕民的初衷，张之洞因此遭人弹劾也并非无因。

盛宣怀坚持谈判要相机因应，试图通过各种途径，借助各方面的力量迫使美国回到条约上来，由美政府保证收回比股，不准比、法干涉路权，按期筑成，"否则必定废约"，这也不是没有道理的。

总之，粤汉路借美款本来是经张之洞同意的，但当他看到三省群起反对中美粤汉路约而清廷又支持收回路权自筑铁路时，便坚定地站在了废约者一方，要盛宣怀"系铃解铃"同美交涉废约。而盛宣怀坚持认为中外交涉要依照条约，可借助三省人民的力量迫使合兴公司按时筑成粤汉铁路，不能轻言废约。他意识到以当时中国国力"废约必吃亏"，但若不去同美交涉，马上就会成为众矢之的；若交涉结果不理想或无结果，仍会遭国人谴责；若同美国达成收回路权的巨额赔偿协定，也会遭国人反对；若要既不失利权又顺利收回路权，显然很难办到。这样，张之洞态度的变化使盛宣怀进退维谷，因而，盛宣怀对张之洞心生怨恨也属情理之中。这也体现了张之洞的"趋时""附权"和盛宣怀以经济利益为重的实业思想，这是两人在中美粤汉路废约中因观点、行动相背，导致二人关系恶化的思想根源。③

---

① 参见盛同颐等：《杏荪公行述》，《龙溪盛氏宗谱·附录二》，2011 年修订。

② 参见张秉铎：《张之洞评传》，中华书局 1972 年版，第 145 页。

③ 参见王亮停：《张之洞和盛宣怀在粤汉铁路及铁路借款上的恩怨》，《邯郸职业技术学院学报》2015 年第 1 期，第 34~38 页。

四、盛宣怀与四国银行团的借款

虽然湘鄂粤三省筹款建路的热潮很高，但由于当时民族资本并无雄厚实力，而地方封建势力又都要插手进来，导致相互争权夺利，加之三省分建，至1908年粤汉铁路筑路成效仍甚微。鉴于此，清政府认为商办不如官办，又于1908年7月下谕旨，决定政府统筹铁路干线建设，并派军机大臣、大学士张之洞兼充督办粤汉铁路大臣，12月，又以商办川汉铁路的筹款尚无头绪，令张之洞再兼督办川汉铁路大臣。

张之洞兼任督办粤汉、川汉铁路大臣后，考虑到粤省侨资多、风气开，招股较易，而鄂、湘、川三省风气闭塞、商资有限、财力不足、招股困难，因而奏请两湖境内粤汉、川汉铁路款项由政府借款兴修。但张之洞先前向英国借款交付合兴公司赎金时，曾与之有过"如需向外洋借款，当先向英国询商开价"的约定，因此这次粤汉路再议借款，就得与英国磋商，而德、法、美等国闻讯后，互相勾搭，打着所谓"利益均沾"的口号，纷纷要求参与借款。

1909年9月，张之洞去世。张之洞去世之后，借款谈判不得不暂时搁浅。

1911年春，清王朝成立"责任内阁"，5月初，盛宣怀向清廷复陈铁路明定干路支路办法，认为"其要尤在干路收归国有，迅速筹办支路，则仍可由商民量力办理，此为处理铁路之要领"。5月8日，清内阁改制，"皇族内阁"成立。盛宣怀被留任简授为邮传大臣，所有内阁总协理大臣及各该大臣均为国务大臣。5月9日，清廷宣布铁路干线"实行国有"的政策："所有宣统三年以前各省分设公司办之干路延误已久，应即由国家收回赶紧兴筑，除支路仍准商民量力酌行外，从前批准干路各案一律取消。如何收回之详细办法，着度支部、邮传部凛遵此旨，悉心筹划"，并且委派端方为接收川汉、粤汉铁路的督办大臣。盛宣怀则主张"将先收归国有的川汉、粤汉铁路所招各股，改换官办股票，其有不愿换票者，有的给还股本；有的发还六成，其余四成发无息股票"。

5月20日，盛宣怀遵旨接办粤汉、川汉铁路，接议英、德、法、美各银行六百万英镑借款合同。这是盛宣怀1906年裁撤铁路总公司时万万没有想到的。他在重新承担此任后，首要任务是在前任协商的基础上，接议英、德、法、美各银行六百万英镑借款合同。

5月22日，盛宣怀与英、德、法、美各银行达成了六百万英镑借款合同(年息5厘、借期40年，各银行可以清政府名义发行债券)，并于当日定议签订。①

盛宣怀铁路国有的主张以及他与四国银行接议借款的行动，遭到了湖南、四川、广东各界的抵制。5月14日，长沙举行了万人群众集会，接着又举行了长沙至株洲的万余铁路工人的示威，并号召商人罢市，学生罢课，拒交租税以示抗议。在湖南商民的带动下，湖北、广东、四川的商民也都积极行动起来，保路运动很快发展成为声势浩大的风潮。

6月10日，广东粤汉铁路股东召开万人大会，提出"万众一心，保持商办之局"，并致电湖南、湖北、四川各省，谓"铁路国有，失信天下。粤路于十日议决，一致反对"，从而掀起了保路风潮。

清王朝处于风雨飘摇之中，保清派人士群起攻击盛宣怀。盛乃成为众矢之的。

五、因铁路而建功，因铁路而成罪

从卢汉铁路开始，中国进入了第一个铁路建设的高潮时期，但是铁路建设的巨额资金难以筹集。1895年为解决卢汉铁路建设的资金问题，盛宣怀采取官股、商股和外债并用的办法。但是由于官股与商股难以筹集，至1911年之前，铁路修建的资金基本依赖举借外债而解决。

---

① 参见夏东元：《盛宣怀传》，四川人民出版社1988年版，第535页。

而铁路建设所需要的材料最大量的就是铁路钢轨，盛宣怀督办的汉冶萍公司作为中国最早的钢轨制造企业，先后承造了京汉、津浦、正太、陇海、沪杭甬、粤汉、株萍、南浔、广九等铁路的钢轨。据统计，截至 1922 年底，中国已通车铁路约 19961.56 里，其中，采用汉冶萍公司生产的钢轨铺设的铁路里程约 6695.9 里。

关于铁路干线"国有"与向四国银行团"借款"的关系，盛宣怀在一份文件中是这样说的："查四国借款合同不能销（消）灭，所以提议铁路国有。如铁路不为国有，则借款合同万不能签字，其原动力实在于借款之关系"，① 也就是说，川汉、粤汉"收归国有"，实际上是为了借钱。

事情的源头，还要追溯到 1906 年。当时，清政府被迫批准粤汉铁路和川汉铁路集股商办，并各自成立了商办铁路公司。而现实充分表明这两条路无钱继续修建下去，只能再去向外国借钱。为了借钱，又重新将它们收归国有，这自然要激起全国各阶层人民的反对，促使湖南、湖北、广东、四川四省大举开展保路斗争。

其实，盛宣怀一向是铁路商办的主张者，如 1898 年他在《上庆亲王》一文中说："查铁路一事……盖一归商务，可由中国造路公司与外国借款公司订立合同，准驳之权仍归政府，可消除许多后患。……中国欲保自主之权，惟有将各国请造铁路先发总公司核议，自可执各国路章与彼理论，其有益于中国权利者，不妨借款议造；若专为有益于彼国占地势力而转碍于中国权利者，即可由总公司合商民之力拒之。惟中国官商多有暗中结连彼族希图渔利，反使大局受无穷之害，此时事之尤为可虑也。"②

盛宣怀又说："中国幅员广袤，边疆辽远，必有纵横四境诸大干路，方足以利行政而握中枢。从前规画未善，致路政错乱分歧，不分支

---

① 参见《邮传部修正川汉、粤汉借款合同暨干路国有办法理由》，1911 年 10 月。

② 盛承懋：《盛宣怀与近代中国金融和保险》，武汉大学出版社 2022 年版，第 134 页。

干，不量民力，一纸呈请，辄准商办。乃数载以来，粤则收股及半，造路无多；川则倒账甚巨，参追无着；湘、鄂则开局多年，徒供坐耗。循是不已，恐旷日弥久，民累愈深，上下交受其害。应请定干路均归国有，支路任民自为，应即由国家收回，亟图修筑，悉废以前批准之案，川、湘两省租股并停罢之。"

但是面对"钱"的问题，盛宣怀不得不提出粤汉铁路和川汉铁路收归国有的主意。当各地起来反对时，盛宣怀又与清政府商议："请收回粤、川、湘、鄂四省公司股票，由部特出国家铁路股票换给，粤路发六成，湘、鄂路照本发还，川路实用工料之款四百余万，给国家保利股票。其现存七百余万两，或仍入股，或兴实业，悉听其便。"①

盛宣怀想借铁路国有，向外国借款，从而加快铁路建设的步伐，以达到改善国计民生的目的。但是，他错误地判断了当时国家的政治形势，错误地想象民众对政府的政策朝令夕改所能忍受的程度，他也过高地估计了自己的能力，最终，他只能自食其果。他在京汉线全线完工后，曾说："设当日不废美约，则粤汉、京汉早已一气衔接，南北贯通，按照原奏先拼力偿比款，继偿美，最后偿英，不逾三十年，京汉、粤汉、沪宁三路，皆徒手而归国有，然后以所赢展拓支路，便利矿运，讵不甚伟"，可从事实来看，此想法无疑过于乐观。②

无疑，在清末朝廷官员中，盛宣怀不愧为一位金融谈判的高手，在与外国代表的谈判中，他从国家利权出发，对经济利益往往比较注重；然而，殊不知与外国金融的较量，不仅仅是经济的利权，更多会牵涉到政治、政权的平稳，尤其是处于清王朝本已摇摇欲坠的那个年代。

盛宣怀对清廷首鼠两端的铁路政策极其不满，他力图改变它，然而事情的发展并非如他的预计，他深陷政治的漩涡，最终清廷将他作为替罪羊予以革职，结束了他的政治生涯，他也只能承受由此所带来的一切。

① 以上参见赵尔巽主编：《清史稿》，1927 年版，第 12811~12812 页。
② 参见中国史学会编：《中国近代史资料丛刊：洋务运动》，第 8 册，上海人民出版社 1962 年版，第 76 页。

第九章　与主干线相关的部分支线的修筑

一、紧紧抓住"中权干路"不放

为了下决心修好卢汉铁路，盛宣怀向清政府表示："宣本不敢担任荷，但念华商无人领袖，若一推让，恐厂与路皆属洋商，贻后来患。反复思维，人生百岁耳，事机易失，既有把握，曷不放手为之。"①盛宣怀的话清楚地表达了，他面对这么一个干事的好"事机"，是绝不会放过的；将路与厂综于一手，他有"把握"成功；既然担起了此任，就要"放手"大干一场。②

随着卢汉铁路修建的启动，西方列强在中国抢占路权之风盛行，面对这种形势，盛宣怀针锋相对地与西方列强展开了争夺路权的斗争。

盛宣怀被任命为铁路督办后，他一再强调要抓紧"中权干路"，渐及其他支路，清晰地表明了他以修筑卢汉路为起点，逐渐扩大到全国各路的想法。

面对西方列强在中国抢占路权的情况，盛宣怀采取紧紧抓住"中权干路"不放的方针，他认为："卢汉一路，乃中国全路之大纲，将来南抵粤海，北接吉林，中权扼要在此，生发根基亦在此。气势畅通，全局

---

①　参见盛宣怀《寄王夔帅》，光绪二十二年四月初二日。

②　参见夏东元：《盛宣怀传》，四川人民出版社 1988 年版，第 216~218 页。

—、紧紧抓住"中权干路"不放 | 127

自振。"①

1898 年 2 月，盛宣怀接到清廷上谕："现在时局日亟，所有中国紧要干支各路，除卢汉业经开办外，粤汉一路尚未定有切实规模，自应预争先著。若由湘、鄂、粤三省绅商自办，仍归总公司总其纲领，实于大局有裨。惟是造路资本、借款办法、通行章程，必与卢汉一气贯注，始可收通力合作之效。著王文韶、张之洞、谭钟麟、谭继洵、陈宝箴、许振祎随时会商盛宣怀，妥议招股借款各节，并选举各省绅商，设立分局，购地鸠工，认真办理……此路贯湖南腹地，衔接武昌，不特取径直截，练兵、开矿诸凡有益。该大臣等当妥速筹办，力任其难，以收实效。"

盛宣怀旋疏言："现在德已踞胶，俄已留旅，法已窥琼，英亦有图扼长江之谋。是各要害口岸，几尽为外国所占。仅有内地犹可南北自由往来。若粤汉一线再假手英人，将来俄路南引，英轨北趋，只卢汉一线局蹐其中，何能展布？惟有赶将粤汉占定自办，尚堪稍资补救。故此路借款，断以美国为宜。若无意外枝节，竭六七年之心力，当可使南北干路相接，以符原议。"②

为确保"中权干路"不致丧失，1898 年 11 月 18 日，盛宣怀上书庆亲王："铁路不要归交涉，而归商务。一归商务，可由中国造路公司与外国借款公司订立合同，准驳之权仍归政府，可消除许多后患。"③

1902 年 10 月 21 日，盛宣怀致电外务部，要求统一规划铁路：各国铁路皆由自主，中国穷于财力借助外人，应先定干路若干条，由国家借款兴造。其余支路应准华商筹款接造。今若各国择地请造，仍要中国还款方能收回路权，恐全球无此办法，中国独吃此亏。即互有利益，亦不能有碍干路权利。

---

① 参见盛宣怀《复陈借款保息并无流弊电奏》，光绪二十四年四月。

② 以上参见盛同颐等：《杏荪公行述》，《龙溪盛氏宗谱·附录二》，2011 年修订。

③ 夏东元：《盛宣怀传》，四川人民出版社 1988 年版，第 510 页。

10 月 24 日，父亲盛康去世，盛宣怀电请开去各差缺，以便安心守制，但清政府不批，张之洞也认为铁路不可易人。盛宣怀三辞不获。事实上其他一些差缺并未开去，改为署任。即使在这样艰难的情况下，盛宣怀紧抓"中权干路"不放的观念也没有丝毫放弃。

二、陇海铁路的前身"汴洛铁路"

汴洛铁路是指自河南开封至洛阳之间的一条铁路，取两地简称，取名为"汴洛铁路"。

甲午战败，清廷掀起了铁路修筑的高潮。汴洛铁路早在 1895 年即开始测量，但是由于清政府缺乏资金，拖了很长时间没有铺上一根铁轨。

1899 年 11 月，清朝督办铁路大臣盛宣怀以"预筹干路还款、保全支路"为理由，呈请清政府批准由总公司筹款建造该路段。比利时公司当时以法国为后台请求承办，而汴洛铁路也由法国和比利时公司中标修建，以郑县车站为中心，东至开封西到洛阳。1903 年 11 月，中比双方由盛宣怀与比国铁路公司代表卢法尔签订了《汴洛铁路借款合同》，得到清政府的批准。

1905 年 5 月中，盛宣怀北上勘黄河桥工、正太路工，标志着卢汉铁路作为南北的主干线即将全线竣工，而汴洛铁路作为卢汉铁路的支线，也已具备了开工的条件，1905 年 6 月，盛宣怀决定汴洛铁路首先在开封破土动工。

1909 年 6 月，120 公里的郑县到河南府（洛阳）的铁路开通，伴随着早先开通的开封府到郑县的 65 公里铁路，总长 185 公里的这条东西走向贯穿河南的铁路工程正式完成。

这条铁路建成之初，是作为当时卢汉铁路支线存在的，但得益于河南优越的地理位置，汴洛铁路建成后，向东西两方不断延伸，慢慢形成了如今的陇海铁路！汴洛铁路的建成，也改变了河南豫北数个城市的命运，郑州成为最早的铁路十字交叉城市而异军突起，开封却因无交通优势丧失省会地位而逐渐衰落。

汴洛（开封至洛阳）铁路工程师与建筑工人合影照

而位于卢汉铁路和汴洛铁路的郑县（现郑州）也随着这两条铁路的交汇，成为时代的宠儿。郑州火车站始建于 1904 年，是京汉铁路中段的业务站。1914 年，陇海铁路开封—洛阳段的开通奠定了郑州火车站作为全国交通枢纽的地位。

随后汴洛铁路不断往东西两个方向延伸建设，现在成为大名鼎鼎的陇海线。这条线成为自连云港市起，经徐州、郑州、西安、宝鸡、天水，直到甘肃省会兰州，并最远延伸至西部的荷兰鹿特丹，长度已达好几千公里的东西大动脉。①

① 参见《百年前"汴洛铁路"建成，如今成陇海线改变豫北数城命运》，https：//www.sohu.com/a/210642038_100072914。

汴洛铁路

三、一波三折的"正太铁路"

1896 年 6 月,山西巡抚胡聘之①根据张之洞"利用晋铁"的主张上书光绪皇帝,请求修建太原到正定的铁路支线,希望能与卢汉铁路连通起来。当年 8 月,该建议获得光绪帝的批准。

甲午战败,清廷国库空虚,根本无钱拨付正太铁路的修筑款,出于无奈,1897 年 5 月,胡聘之向朝廷提出向华俄道胜银行借款修路的请求,得到照准后才正式立项。

1898 年 5 月 21 日,胡聘之派山西商务局曹中裕与华俄道胜银行代

① 湖北天门人,1894 年任职山西省巡抚,为山西省近代工业和教育事业立下了重要功绩,也是正太铁路的倡议者。因转让部分矿山开采权给外国人而被清廷免职。

理人璞科第在北京总理各国事务衙门签订了《柳太铁路合同》。为了压缩成本，合同约定将正太铁路东端起点，从正定城南移到柳林堡(今石家庄市桥东区柳林铺)，全长约 500 华里，工期三年，借款 2500 万法郎，年息六厘，25 年本利还清。该合同第四条规定："铁路之宽窄，何处应设车站以及车站何处应大，何处应小，火车客货车辆之多少等事均由银行代为酌核。"

钱的问题解决后，正太铁路并没有马上开工，因为又遇到了新的麻烦。当时封建迷信相当流行，山西、河北两省绝大多数人都相信，修建铁路会破坏当地风水。新上任的山西巡抚毓贤及范宗泽等人受此裹挟，提出了"山西不宜修铁路"的观点，向清廷总理衙门请求暂行停办。

一波未平，一波又起，1900 年，爆发了义和团运动，之后八国联军入侵北京，修路的事更是被抛之脑后。

随着事态平息，1903 年 2 月正太铁路准备开工时，清政府的官员才发现负责修筑铁路的法国工程师要用窄轨，当即提出反对。而璞科第以正太路"地势险阻、工程艰巨"为借口，坚持采用窄轨，外务部、盛

1912 年 9 月，孙中山视察正太铁路(前排右起第三人为孙中山)

宣怀以正太为卢汉分支，要"一气衔接"，坚持非修宽轨不可。法国总工程师勘测后提出，"若修宽轨需再追借一亿法郎"。而华俄道胜银行坚决不允再加借款，双方相持达一年之久。

1904 年，无可奈何的清政府做出妥协，正太铁路于当年 5 月全线开工。值得一提的是，虽然是借款，但除石家庄至令驴岭、乏驴岭至下盘石两段由法国人承包外，其余绝大部分是由中国人承建的。中国人实际上参与了正太铁路的设计、测量，担负了全线桥梁隧道和一切附属建筑的修建工作。1907 年 10 月，正太铁路全部竣工，共用了三年半的时间。建成后线路总长 243 公里，设车站 35 个，有隧道 23 座，大小桥梁 1200 多处，最长的隧道达 640 米。

四、因无烟煤而修筑的"道清铁路"

道清铁路为由河南省道口（今滑县）至清化镇的一段铁路。1902 年 7 月动工，1904 年 1 月从道口修至待王镇，1907 年 1 月修至清化。全线长 190 公里。该铁路以新乡为中点横跨平汉铁路，为运送焦作、李封等煤矿之煤出境而修筑。

1896 年，意大利商人罗莎第以代理牧师身份，打着调查"中日战后情形"的旗号来到中国。不久，他发现了蕴藏着优质无烟煤（无烟煤被英国女王称为"香砟"，为英王室专用煤）的宝地——焦作。

罗莎第返回欧洲后，于 1897 年 3 月在英国伦敦坎农街 10 号成立了一个英意联合公司，并按照英国法律注册，命名为英国福公司，简称福公司，随后在北京设立办事处，由英国驻沪总领事詹美森任总董，策划掠夺河南焦作的煤炭资源。

福公司采用施加压力、玩弄经济手段等方式，迫使清政府就范，并通过让河南巡抚刘鹗做英国福公司买办，来拓展福公司在华的业务。

1898 年 3 月 27 日，由光绪皇帝钦准，清政府与福公司签订了《河南开矿制铁以及运输各色矿产章程》，合同共分九款。

1899 年，清政府允许福公司修筑"道清铁路"的道口至清化(当时河内县清化镇，今博爱县清化镇)一段线路。

清化站候车室

清化站出口

1907 年 3 月 3 日，我国较早的铁路线之一、河南省境内第一条铁路道清铁路正式全线通车。道清铁路横跨浚县、滑县、汲县、新乡、获嘉、修武、河内七县，全长 150.446 公里。

五、清末运输效益颇佳的"广三铁路"

1898 年 2 月，盛宣怀获得粤汉铁路督办权，美国合兴公司主动表示愿意贷款，1898 年 4 月 10 日，盛宣怀委托驻美公使伍廷芳在华盛顿与美国合兴公司签订了《粤汉铁路借款合同》。

广三铁路就是由美国合兴公司投资修筑的，它自广州珠江南岸石围塘，经三眼桥、佛山、小塘至三水，分两段先后修筑，主要包括石围塘站、小塘站、佛山站、三水河口站。

自 1901 年 12 月起，美国合兴公司开始修筑广州石围塘至佛山一段，长 16.5 公里，这是中国最早的复线铁路。

1903 年 10 月 5 日，佛山至三水一段建成通车后，标志着共耗资四千万美元的广三铁路全线竣工，时任两广总督的岑春煊主持了盛大的通车典礼。

广三铁路与西、北江航运连接，是当年通向粤西、粤北的主要通道。该铁路建成时，以客运为主，每日平均运送旅客万人以上。据资料记载，当时广三铁路的客运量占广东铁路客运人数的一半以上。

广三铁路虽短，却是清末运输效益颇佳之路。

六、应与卢汉铁路并举的"津榆铁路"

津榆铁路一般指津山铁路。津山铁路(天津至山海关)由 1880 年 10 月开平矿务局修筑的唐胥铁路延长而来，形成于 1894 年。

1888 年 10 月 3 日，在李鸿章主持下，由詹天佑指挥修筑的津沽铁路正式竣工，全长 130 公里。同时，为了运输煤，唐津铁路亦修筑了一条至西沽的支线。1888 年唐津铁路通车后，开平矿务局在天津购地 102 亩，建了存煤 14 万吨的码头，同时购置一艘轮船，即"北平"号，为北洋水师在旅顺、威海、烟台运煤。1890 年又添置了"永平""富平""承平"三艘轮船，组建了自己的船队运煤。此后在塘沽、广州、营口、上海等地增设码头、煤栈，负责煤炭销售。

当年，李鸿章为了方便北京与天津之间的交通，致书当时的清朝海军衙门，申请将唐津铁路延长至北京的通州，并得到清廷的批准，然而因为部分高级官员的反对而作罢。

1890 年，开平矿务局的古冶林西矿即将完工，因为煤矿运输的需要，唐山和古冶之间修筑了一条铁路，并与当时的唐津铁路相连，更名为冶津铁路。

同年，俄国亦修建西伯利亚铁路，清政府因为国防的需要，计划在中国东北修建铁路(关东铁路)。李鸿章与英国工程师考察后建议从冶津铁路的终点古冶经山海关至沈阳、吉林修建一条铁路。此定线方案得到了海军衙门的同意。

当年 4 月 30 日，该建议得到朝廷批准，因东北局势紧张，于是停止了对卢汉铁路的拨款，下令"移卢汉路款先办关东铁路"。清廷于是在山海关设立北洋官铁路局，开始修建关东铁路。

1892 年，关东铁路修建至滦县并开工修建滦河大桥。

1894 年 3 月，滦河大桥建成。同年，关东铁路修至山海关，天津至山海关铁路遂改称津榆铁路(因山海关在历史上曾称"榆关")。

1911 年，关东铁路延伸至沈阳。①

七、广澳、广九铁路的修筑

1902 年，占驻澳门的葡萄牙总督以扩充商务为由，提出修建从澳门到广州的铁路，清政府坚持必须在澳门设立海关分关征税，才答应修建铁路，但葡萄牙反对在澳门设海关，要求"澳门铁路告成后，中国所

---

① 以上参见邱永文：《盛宣怀与中国近代铁路事业的发展》，第二届汉冶萍国际学术研讨会论文集，第 8~14 页。

来货物、澳门所出货物，由两国采最利贸易之地查验收税。"中葡双方为此进行了多次争论。

1902 年 7 月 8 日，盛宣怀致电外务部："葡萄牙索造铁路，意在推展澳界，图占香山，如不允所请，只能由葡借款筑造作为中国支路，并须订立合同以清界限，而保主权"。

1902 年 10 月 15 日，清外务部复葡国使臣一份照会，申明"许在大西洋国地方(指澳门)欲设之中葡铁路公司，安造由澳门至广东省城之铁路，但所有一切办法，须另行议立合同办理"，同意葡修筑从澳门经中山到广州的铁路，全长 120 公里。

1904 年 11 月 11 日，清政府与葡萄牙签订了《广澳铁路合同》。合同共有 31 个条款，内容主要涉及铁路所有权、管理体制、铁路用地征购办法、人力雇佣与管理、货运征税、铁路运价、利润分成、铁路的使用与安全保护、邮政运载等。

合同规定，广澳铁路由中葡两国商人集股合建，两国商人各占一半股份，建成通车起满 50 年，即归还中国所有。广澳铁路由"中葡广澳铁路公司"管理，管理人员由中葡双方共同组成，"葡国国家即不得借词干预"公司事务。

合同规定铁路公司聘请的巡捕、更夫应用华人；除工程师等专业岗位可起用洋人外，其余工人均应为中国人。

但由于葡商财力不足，集股不成，葡萄牙于清宣统年间自动放弃广澳铁路的筑路权，《广澳铁路合同》被废止。

1911 年 2 月 14 日，原广澳铁路商人梁云逵、谢诗屏、唐曜初、唐宗伟等人，上书清政府邮传部，要求自筹资金承建广澳铁路，请清政府尽快答复，"恐事稽延，葡人另生枝节"，提出铁路可"先由广州城筑至香山县城，计约一百七十余华里，俟大部与葡使商妥，再照原案展筑至澳门外之关闸"。

就在清政府与葡国为广澳铁路的修建来往争执、摇摆不定之时，英国政府也在积极游说清政府修建由广州至香港九龙的广九铁路，并于

事官与两广总督会商妥定倘仍不能商安方
可工景北京大意暨大西洋铁道办理
十凡铁路所经之地並横器各厂启为该铁路
所应用之各房屋地段其应如何为该公司所
購用之辦法閣另如左
一如該地係屬官產應由公司報明地方官大
量升科撥用至此鐵路滿期之日為止每年
應繳納地租
二該地如係民產或係該處紳士公府之地公
司必須與童立商的定價依此合意妥購如
有應納租稅公司仍照章完納
三如該地不能合意議安即由公司就最近之
地方官察請理安購買查照該處民閒買賣
時價由公司照數向購
四如該地上有廬舍樹木池井等項凡用工本
造成者除地價外必須另給價值其價如不
能定安即照所言辦理
五如該地上有墳塋必須設法繞越如案蒙小
墳無法繞越地價外必須從優另給遷墓
之費
六該公司在鐵路經過地方與該地方人民交
為必須公平並刀見有損苦地方商情等事
該地方人亦不得籍詞阻撓緒言或累如有
違犯由公司稟請地方官出示衛禁聲明朕

《广澳铁路合同》第十项条款(部分)

1907 年 3 月 7 日签订了《广九铁路借款合同》。同年 8 月,广九铁路开工,1911 年竣工并使用至今,而广澳铁路则一直搁置了近一个世纪。①

---

① 以上参见高小兵:《百年广澳铁路梦,解读清档"广澳铁路"》,https://www.360kuai.com/pc/9edc767cab74ca0f1?cota＝3&kuai_so＝1&tj_url＝so_rec&sign＝360_57c3bbd1&refer_scene＝so_1。

第十章　沪宁、沪杭甬铁路的修筑

一、1897 年清廷批准修筑沪宁铁路

1894 年，时任湖广总督的张之洞兼任了两江总督，张到任后即对修筑沪宁铁路表示了极大的兴趣。次年，他多次致电总理衙门并上奏慈禧、光绪，提议修筑沪宁铁路。他认为：从上海修铁路经苏州、镇江到南京，并从苏州旁通杭州，对"商务、筹饷、海防"三方面均极有益。因为这条线"所历皆富庶之区，货物本蕃，行旅本多"，"道路平，成功易而获利速，又可杜外国小轮之害，于江南富商筹饷道，均有益"。同时"设一旦有警……可以随方策应，互为声援，省饷省兵，赴机迅速"。他的提议得到了清政府的批准。

张之洞随即委派德国工程师锡乐巴从南京至苏州和吴淞至苏州分两头对沪宁铁路进行勘测。自吴淞至南京有 330 公里，以每公里筑路费白银 2 万多两计，共需白银 700 万两。

事实上，随着卢汉干路修筑的展开，修建东南沿海沪宁铁路的呼声便越来越高，不断地传到官府大臣的耳中。1896 年 9 月 2 日，南洋大臣沈葆桢奏请建筑吴淞至江宁的铁路；直隶总督王文韶、两江总督张之洞会奏：先筑淞沪，后筑沪宁，清廷批准。1897 年（光绪二十三年），两江总督张之洞等又建议清政府在修建吴淞至江宁的铁路之外，另从苏州接一条支路到杭州。

当时清政府的国库中是拿不出这么多银子来的，因此只能采取分段修筑的办法。1897 年 1 月，先恢复修筑吴淞至上海段的铁路，1898 年完工，全线长 16.93 公里。此时距当年拆毁此路已整整 21 年。

1898 年的中国面临被列强瓜分的局面，德国取得了山东省的采矿权和筑路权，比利时在法国的支持下取得了卢汉铁路的筑路权，英国政府见此情形便以"利益均沾"为由，向清政府索要沪宁铁路的筑路权。腐败软弱的清政府认为对英国"不便峻拒"，电告上海督办铁路大臣盛宣怀：准令与英国怡和（洋行）就近商办。1898 年 3 月 23 日，盛宣怀在上海与英国怡和洋行、汇丰银行的代理中英银公司签订了《沪宁铁路借款合同草本》（共 25 款）。

1899 年，英国在南非发动了征服德兰斯瓦尔和奥伦治共和国的殖民战争，而中国也发生了义和团运动，双方均无暇顾及筑路一事。直至 1902 年 8 月，怡和洋行代表碧利南（前英国驻沪总领事）与盛宣怀重议借款详细合同。因"所递条款，多所要挟"，前后谈了足有一年，1903 年 7 月 9 日，盛宣怀与英方中英银公司代表碧利南正式签订《沪宁铁路借款合同》（共 25 款）。《沪宁铁路借款合同》规定，借款总额为 325 万英镑，按九折实付，以全部路产及营业进款担保，期限 50 年，25 年后开始还本，每半年须按年息 5 厘付息 1 次，而且还要分红，每年铁路营业的余利提取五分之一为英方所得。根据合同，盛宣怀聘请在中国已经有好多年，曾经参与津浦铁路设计的格林森担任沪宁铁路的总工程师。筑路的材料由英方工程师认可，并按材料费 5% 付给英方酬劳。同时合同第 25 款还规定："本合同有中英文本各 5 份……若有文字可疑之处，以英方为准。"8 月，沪宁铁路在格林森的带领下开始复测线路。

张之洞的奏折，无疑加快了沪宁铁路的开建。1904 年 3 月 22 日，沪宁铁路动工。全线分 4 个区段施工，即上海至苏州、苏州至常州、常州至镇江、镇江至南京同时开工。

二、沪宁铁路发行的两次债券

1898 年初，英国政府以最惠国待遇为由，向清政府索办沪宁铁路利权，这时借款修路已逐渐成为清政府可接受的方式。英国在长江流域特别是上海地区的侵略势力久经积聚，非他国可比，长江航运权也大部分操纵在它的手里。对于这条与长江平行的沪宁铁路，英国觊觎已久。1898 年 3 月英国终于获得清政府总理衙门的准许，承办沪宁铁路。

1903 年 7 月 9 日，中英银公司的代表碧利南与盛宣怀在上海正式签订《沪宁铁路借款合同》。除此之外，所有款项的支付均由汇丰银行经手，并且每 100 英镑收取 5 先令的手续费。筑路所用材料，均由英籍总工程师认可，按材料费的百分之五付作酬劳。不仅如此，筑路和经营权也都落入英国人手中。当时负责管理施工和通车营业的机构为"沪宁铁路管理处"，由中英双方各派两名代表和英籍总工程师一人共五人组成，实行少数服从多数的原则，实际上已完全由英国人操纵。当时的车务、工务、机务、材料和会计等各处总管均为英国人。连清政府也不得不承认这条铁路"用款既较他路为多，事权则较他路为少"。

根据借款合同，沪宁铁路曾经先后发行过两次债券。合同规定的借款总额为 325 万英镑。债券分两次发行：第一次在 1904 年，发行了 225 万英镑，将折扣扣除后实收数为 202.5 万英镑；1907 年第二次发行的沪宁铁路债券为 65 万英镑，按 9.55 折扣，实收 62.075 万英镑。另外，1913 年 10 月，清政府又向中英银公司借款 15 万英镑，发行了购地债券。沪宁铁路借款利息为年利 5 厘，贷款按 9 折交付。借款期限长达 50 年，债券若在未满 25 年之前取赎，则借款需加值归还，即每 100 英镑多还 2.5 英镑。汇丰银行经理还本付息业务，按每 1000 英镑收取 25 英镑行佣。发行 3 次债券共收款 278.375 万英镑。出于无奈，合同让债权公司攫取了债券发行时的折扣大、利息高、借款期长、分享余利、苛索酬劳费、垄断材料供应等一系列优惠所带来的巨大收益。①

　　中国铁道博物馆现收藏有沪宁铁路 1904 年第一次发行的债券。这是一张面值 100 英镑的英文债券，票面衬浅棕底色，文字是黑色印刷体，上面写有"大清帝国 5 厘利息贷款 325 万英镑的沪宁铁路债券"。正文主要是关于债券发行、利息、兑换、赎买、抵押担保等方面的内容。其下半部分是中英双方的印鉴和签字。左侧印章篆刻"督办铁路总公司事务大臣之关防"，下有督办大臣盛宣怀的签名，右侧印章是驻英大臣张德彝的官印和他的中英文签名，官印下面还有他的名章。中方印章下面是中英银公司董事的签字。票面所署时间为 1904 年 12 月 2 日，地点在伦敦。债券背面文字是摘录《沪宁铁路借款合同》中关于抵押和赎买的部分条款。

　　沪宁铁路债券的发行标志着清政府融资的多样化、证券化尝试的开始，对于财政贫困、国库空虚的清廷，面对强悍的西方列强，为发展自身的基础设施，想从它们那里获得相对优惠的贷款，确实勉为其难。

三、1908 年 4 月 1 日，沪宁铁路通车

　　1898 年，盛宣怀派员会同英国工程师玛利逊对沪宁铁路进行了为期两年的初勘，1903 年合同正式签订后，英国总工程师格林森分上海至苏州、苏州至常州、常州至镇江、镇江至南京四段进行复勘。

　　1905 年 4 月 25 日，沪宁铁路分开成上海—苏州、苏州—常州、常州—镇江、镇江—南京四段同时开工建造。盛宣怀作为铁路总公司督办，亲自主持了沪宁铁路的开工典礼。

　　经过一年多的努力，沪宁铁路上海—苏州段建成，盛宣怀终于把从上海开出的火车，通到了他的第二故乡——苏州。

---

　　① 龚建玲：《清末发行的沪宁铁路债券》，《世界轨道交通》2005 年第 3 期，第 66 页。

苏州火车站是在沪宁铁路第二期工程(即南翔至无锡段铁路工程)中修建的,于1905年4月竣工;站屋系平房,长19.2米,宽10.67米,设售票窗口6处。两侧为辅助用房,月台两座,造价7.15余万银元;地道一条,费用为7190银元。

沪宁线全长311公里(其中南京市境内长33.4公里),丹阳以东,地势平坦,以西则丘陵密布,在镇江宝盖山开凿隧道一座,长406米。龙潭至南京段,地势更为起伏,土方量为全线最高。距上海298公里处,铁路轨面已比上海地区海平面高出45.64米。南京车站(现南京西站)则在长江南岸低洼处,建站时大量填土,将地面抬高了0.75米。

沪宁铁路全线单轨,铺设85磅(43公斤/米)钢轨,枕木使用了澳大利亚进口的茄拉枕木,比美国、日本的松木枕木价格昂贵数倍。大小桥梁269座(其中铁桥264座、石桥4座、木桥1座),涵洞424个。

1908年4月1日,沪宁铁路全线通车,线路全长311公里,由上海北站至南京下关站,沿途共设上海、苏州、无锡、常州、镇江、南京等37个车站。当时上海到南京的火车通行长达10个小时,上海与南京之间,开行6对列车,全线通车后当年即运送旅客三百余万人次。

铁轨组装现场

沪宁铁路通车的同时也设立了"沪宁铁路管理局",即今上海铁局的前身，该局名义上派有华人主持局务，但管理实权仍落在英国人手中。沪宁铁路的经营管理权直到 1929 年后才由国民政府铁道部逐步收回。

沪宁铁路的通车，为中国长三角的发展奠定了基础，今天中国的现代化高铁，已经驰骋祖国的大江南北，从上海至南京坐高铁，只要一个多小时就可以通达。但是我们不得不承认沪宁铁路段仍然是中国最繁忙的铁路段，足见这段铁路在中国铁路网中的地位。

同样，我们不能不想到当年修建这段铁路时所承受的艰辛。历史给了这样的安排，使沪宁铁路与盛宣怀的名字连在了一起。

四、沪杭甬铁路贷款的来龙去脉

沪杭甬铁路，原为苏杭甬铁路，即由苏州至杭州再展至宁波。到 1908 年 2 月，因上海至嘉兴一段已修筑成功，邮传部将铁路的起点改定为上海，苏杭甬铁路遂更名为沪杭甬铁路。

卢汉铁路筹建借用了小国比利时的贷款，英国对中国铁路的投资又晚于法、俄等国，为巩固其自身在长江流域的地位，英国开始抢占长江流域的筑路特权。1898 年 7 月，英使窦纳乐向清政府提出包括苏杭甬铁路在内的"五路承筑权"，要求清政府在限定的时间内给予答复。清政府在外交压力下，基本接受了英国的要求。

在此之前，怡和洋行曾向盛宣怀提出承筑苏杭铁路，并希望将来能由杭州展至宁波的要求。所以，清廷仍命盛宣怀与英商商讨有关事宜。1898 年 9 月 1 日，盛宣怀与怡和洋行在上海订立《苏杭甬铁路草约》。草约规定苏杭甬铁路草约以及将来订立的正约，都与沪宁铁路章程一样办理，并要求怡和洋行及时派人测勘各路。

由于借款合同多附有经济政治条件，外国公司在得到了丰厚的回扣、购料佣金、还本付息佣金、余利外，还享有对铁路的管理权、用人权、稽核权，并且合同规定中方必须以铁路的全部产业作为借款抵押，若到期不能还本付息，外方将把铁路据为己有。

这些后果引起了各方的关注，清政府开始倾向于通过民间集资的方式由中国人自己兴办铁路。1903年9月，清政府裁撤矿路总局，将路矿事务归商部管理。12月，由商部拟定，清政府颁布了《铁路简明章程》，对铁路政策再次做出调整，主要是加强了对华商商办的鼓励和对外资的限制。《铁路简明章程》第6条规定：集股总以华股或占多数为主，不得已而搭附洋股，则以不逾华股之数为限。

在此情况下，各省商办铁路公司纷纷涌现，商部奏准苏杭甬铁路由江浙两省自办。1905年7月26日，浙路公司成立，1906年4月3日，苏路公司成立。同时，清廷责成盛宣怀与英商磋商，废《苏杭甬铁路草约》，务期收回自办。①

之前在1903年，"宁波帮"商人李厚佑请求自办杭州从江干到湖墅的一段铁路。盛宣怀即催函英商，限以六个月之内勘测估价，否则废约，英方没有答复。因此中英之间的草合同按事实理应作废，但是未履行手续。在得知商部奏准江浙两省自办苏杭甬铁路后，1905年12月，英国公使萨道义向外务部提出以沪宁铁路的测勘工师详细勘测苏杭甬铁路。外务部指出，苏杭甬铁路已由浙江巡抚张曾扬接议，不再归沪宁铁路督办大臣盛宣怀兼理。萨道义根据外务部的答复，指示怡和洋行绕开盛宣怀，请英国驻杭州领事直接与浙江巡抚张曾扬交涉勘路事宜。

张曾扬认为，苏杭甬铁路已由浙人创立公司自办，草约已逾期作废，英方不能再提议勘路。同时，坚持由怡和洋行与盛宣怀开议草约的相关问题，拒绝与英国驻杭州领事谈判。此后，萨道义多次照会外务部，坚持"草合同乃系国家允准之据"，不承认草约已逾期作废，拒绝与中方商谈废约事宜，张曾扬则根据议撤废约的上谕拒绝与英国驻杭州领事商订正合同。

1906年4月，浙路公司已集股四百余万，聘定工程师罗国瑞勘测

---

①　以上参见夏东元：《盛宣怀传》，四川人民出版社1988年版，第525页。

铁路，工程即将开工。浙省商绅与官员纷纷致电外务部，请求外务部拒绝与英商订立借款正合同。直至 1907 年正月，继萨道义上任的英国公使朱尔典，根据嘉乐恒与外务部的协议，再向外务部提出议订苏杭甬铁路借款正合同的要求。而到 1907 年 3 月，苏路公司方面，自苏至嘉早已勘路购地，自沪至松，已陆续铺轨开车至辛庄一带；浙路公司方面，自闸口至枫泾段已开工近半年。

因此，朝廷主张缓议正合同，朱尔典则要求，"如欲展缓，请饬停工"。外务部考虑到南方的饥民较多，如果饬令停工，很有可能"别生事端"，没有答应朱尔典的要求。

1907 年 4 月，外务部在综合考虑各方面的情况后，决定由汪大燮接办苏杭甬铁路对英借款问题。朱尔典接受外务部的这个安排，条件是苏杭甬铁路借款合同参照广九铁路借款合同办理。同时，不断向清政府施加压力。

1907 年 6 月 28 日，朱尔典向外务部提交借款办法草稿节略。主要内容是：利息五厘，本息由中国国家担保，不用苏杭甬铁路作为抵押；以华人为总办，任用英国人为总工程师及总管账。朱尔典试图逼迫外务部接受草稿的全部条款。汪大燮坚持"英方不过问筑路事宜"的原则，删去了择用英人为总工程师及总管账一项，将借款与筑路分开，坚持路由中国自造。

1907 年 9 月，英方再次催促订立正约，要求与津浦铁路借款合同同时议定。苏、浙两省得知这一消息后，官绅、商会、学校纷纷致电清廷，反对借款。鉴于此种情况，清政府不同意苏杭甬铁路借款合同与津浦铁路借款合同一起议定。

到 1908 年，邮传部的铁路政策发生了变化，各商办铁路公司无法筹集到巨额资金，商办铁路工程进展十分缓慢，而借款筑路的沪宁、卢汉等工程在 1908 年多顺利完工，与本国商办铁路多无起色形成鲜明对比。

邮传部和清政府开始又逐渐认同借款官办方式。1908 年 2 月 4 日，苏杭甬铁路起点改定为上海，邮传部、外务部与英商正式签订《沪杭甬铁路借款合同》，考虑到江浙两省反对借款运动的高涨，外务部提出"部借部还"的方案。邮传部拟定《江浙铁路公司存款章程》，规定借款合同中的折扣、余利、佣金等由邮传部与江浙督抚先垫付，到苏、浙两公司获得余利后再归还，不以铁路作为抵押；在苏、浙路公司之下设沪杭甬铁路局，以英国人为总工程师主持局事。3 月 9 日，盛宣怀又被授为邮传部右侍郎，管摄路、电、航、邮四政。①②

---

① 以上参见夏东元：《盛宣怀传》，四川人民出版社 1988 年版，第 528 页。

② 以上参见黄文：《晚清沪杭甬铁路对英借款刍议》，《牡丹江师范学院学报（社会科学版）》2007 年第 4 期，第 50~52 页。

第十一章 早期铁路建设的现代化努力

一、清朝铁路建设形成的框架

从李鸿章 1881 年修筑中国的第一条铁路——唐胥铁路开始，至 1911 年清朝灭亡的 30 年间，清朝共修筑了 50 条铁路，总长 9100 公里，遍布全国 18 个省市。除了西北、西南比较偏远的省份没有铁路，其他省份都通了铁路。光是在 1909 年，清朝一口气规划了 7 条铁路。可以说到清朝灭亡的时候，整个中国的铁路框架已经修建出来了，之后的铁路都是在这个基础上进行修建的。

以下是从 19 世纪 80 年代至 20 世纪 10 年代所修筑的铁路：

1880 年代(8 条)

唐胥铁路(1881)、唐阎铁路(1886)、唐卢铁路(1887)、台湾铁路(1887)、津沽铁路(1888)、津唐铁路(1888)、紫光阁铁路(1888)、通津铁路(1889)；

1890 年代(5 条)

津沽铁路(1890)、关东铁路(1891)、津榆铁路(1896)、津卢铁路(1897)、京奉铁路(关内外铁路)(1897)；

1900 年代(26 条)

京榆铁路(1901)、东清铁路西部线(1901)、东清铁路东部线(1901)、粤汉铁路省佛支路(1902)、粤汉铁路省三支路(1903)、东清铁路(1903)、胶济铁路(1904)、南满铁路(1905)、安奉铁路(1905)、株萍铁路(1905)、卢汉铁路(1906)、潮汕铁路(1906)、京苑铁路(1907)、京奉铁路(关内外铁路,1907)、道清铁路(1907)、正太铁路(1907)、同蒲铁路(1907)、京张铁路京门支路(1908)、沪宁铁路(1908)、宁省铁路(1909)、齐昂铁路(1909)、京张铁路(1909)、汴洛铁路(1909)、张绥铁路(1909)、清徐铁路(1909)、川汉铁路(1909);

1910年代(11条)

滇越铁路(1910)、漳厦铁路(1907)、津浦铁路(1911)、广九铁路(1911)、台枣铁路(1912)、新宁铁路(1913)、沪杭甬铁路(1914)、粤汉铁路广韶段(1916)、南浔铁路(1916)、京绥铁路(1916)、粤汉铁路湘鄂段(1918)。

从中可以看出,盛宣怀所设计的四条最急于修筑的铁路干线,在清朝灭亡之前得以建成,即"以卢汉为核心,东面沪宁通上海,西面汴洛达关中,北面京津通吉林,南面粤汉达两广",这是清末铁路的大致分布,也是中国百年来铁路网的根基。

盛宣怀在向张之洞、王文韶《请饬各直省将军督抚通行地方帮同招集商股片》中就强调了卢汉铁路的重要性,并且以卢汉铁路为核心,对全国铁路作了一个初步的勾勒:"粤汉以通两广,由苏宁以通上海,此两道为关系商务东南、西南两大干路,固宜展造;其自山海关外以达吉林,自黄河南岸以达关中,此两道为关系边防东北、西北两大路,亦难从缓。但必照原议,先卢汉筹定的款,布置就绪,立定根基,逐段推广,并俟前项各干路应用之款,陆续筹定,再听各省商民自行分造支路。"盛宣怀的设想基本得到实现。

盛宣怀在承担铁路督办大臣之后,曾经坦言,铁路修筑之事"在泰西为易办,中国则有三难。一无款,必资洋债;一无料,必购洋货;一无人,必募洋匠……风气初开,处处掣肘",[1] 更何况当时还要面对西

---

[1] 参见盛档,盛宣怀《致刘岘庄制军》,光绪二十三年正月初五日。

方列强的欺凌、朝廷的腐败、政策多变等一系列问题。所以，铁路框架的基本实现是来之不易的。

二、铁路总公司坚持"唯贤才是任"的原则

1896 年 10 月 20 日，当盛宣怀"以四品京堂候补督办铁路总公司事务"时，他首先考虑的是建设铁路的人才从哪里来？甲午战败，盛宣怀客观比较了中日之间的差距："日本维新以来，援照西法，广开学堂书院，不特陆军海军将弁皆取材于学堂；即今之外部出使诸员，亦皆取材于律例科矣；制造枪炮开矿造路诸工，亦皆取材于机器工程科地学化学科矣。仅十余年，灿然大备"，"中国智能之士，何地蔑有，但选将才于傭人广众之中，拔使才于诗文帖括之内。至于制造工艺皆取材于不通文理不解测算之匠徒，而欲与各国絜长较短，断乎不能"。①

他深刻地认识到人才的重要性。他的见解，是在他 20 多年创办各项实业、经过不断失败与成功的过程中总结出来的，是他通过与洋人打交道、经过分析比较而得出的，也是他在官场上进行观察，与各方人士接触交流当中所悟出的。为此，他提出："练兵、理财、育才"的国家自强三要素，并认为解决办法是"伏查自强之道，以作育人才为本；求才之道，尤宜以设立学堂为先"。②

在 1896 年的《拟办铁路说帖》中，盛宣怀说："中国于铁路工程尚无专门之学，驾驭洋匠，教习华徒，研究地形，随在有关紧要；而用人理财，尤非精神贯注，不能取精用宏，风清弊绝。"③盛宣怀在办实业方面，任人唯贤，不分亲疏，不分华洋，唯才是任，这是他的用人原则，

---

① 参见盛档，盛宣怀《请设学堂片》，光绪二十二年九月。

② 盛承懋：《盛宣怀与近代中国高等教育》，武汉大学出版社 2021 年版，第 135 页。

③ 宓汝成：《中国近代铁路史资料：1863—1911》，中华书局 1984 年版，第 260 页。

在他督办铁路过程中也是如此。关于铁路总公司管理机构的人事安排，1897 年 4 月 12 日，盛宣怀致函王文韶，提出要调用"何嗣焜、郑孝胥、蔡汇沧和梁启超"等四人，助筹铁路事宜。

何嗣焜是盛宣怀的武进同乡，享有"阂深邃密，体用兼赅，淹贯古今各国源流，有过时之略，而不囿于晚近"的美誉，提名他自然得到众人的认可；然而提名毫不相识的青年梁启超，同样得到大家的赞赏，尽管梁最终没有加入铁路总公司，但是盛宣怀提携"博古通今，志气坚强"的青年才俊的行动，是得到社会的好评的。而对于众多被推荐来的人，以及想到铁路来"混碗饭吃"的人员，则冷漠地报之以"仍有乏才之叹"。

从 6 月 3 日，盛宣怀致翁同龢的函中，提到的总公司组成人员看，收支：严作霖、杨廷杲；购料：何嗣焜、蔡汇沧、朱宝奎；铁路顾问：锡乐巴，这些人都是当时的社会精英，是精兵强将。

德国工程师锡乐巴原先是张之洞所聘的铁路顾问，担任铁路总公司顾问后，盛宣怀并不因为他是洋人，另眼相看，而是放手让他干，并且十分尊重他的意见，经过在实践中考察，盛宣怀对他的评价是："工夫为最上等"；对于才干一般的锡贝德，则毫不犹豫地指示有关人员"不宜复用"，充分体现了他在洋人的任用上，同样坚持"唯才是任"的原则。①

随着卢汉铁路正式动工，盛宣怀调有管理能力、汉阳铁厂提调兼总稽核宗得福任卢汉铁路南路公司总办，卢汉路线亘长二千四百余里，为我国沟通南北之第一线。然而 1900 年八国联军攻陷北京，北方烽火震江汉，路工洋匠，无心继续施工，一批乌合招募之兵四处闹事，闹得鄂省百姓人心惶惶。宗得福"召集绅耆，布告民众，车马有代价，夫役有工资，一草一木悉数交官，官依次给凭照，事定后缴凭照则物还原主，

---

① 以上参见邱永文：《盛宣怀与中国近代铁路事业的发展》，第二届汉冶萍国际学术研讨会论文集，第 8~14 页。

毁者偿钱，完者归璧，人民咸乐从而流亡绝少"。① 由于宗得福应变有方，保护了铁路沿线施工现场，减少了工程设备、材料的损失。

为了让萍乡的煤尽早供应铁厂，汉阳铁厂拟修建一条萍乡至醴陵的铁路，将煤先由萍乡运到醴陵，再走渌江下湘江至长江，萍乡的煤炭通过长江可运至汉阳铁厂。盛宣怀将这一设想上奏清政府，朝廷很快批准了这条铁路的建设。1899 年，盛宣怀委任薛鸿年为总办，开始修筑萍乡至醴陵的铁路。因北方义和团运动波及萍乡，工程技术人员返回上海、武汉避难，导致工程停滞一年多。1901 年 7 月，工程技术人员陆续回到萍乡，重新施工。面对工程缺乏技术人才的状况，盛宣怀调著名铁路专家詹天佑前往萍醴铁路担任工程师。詹天佑在萍醴铁路工作了一年，到 1902 年 8 月袁世凯向英、俄两国交涉收回关内外铁路时，被调回参加接收工作。同年 11 月，萍乡至醴陵段竣工通车，路长 38 公里，并命名为萍醴铁路。

三、新型大学解决了铁路急需的人才

1895 年盛宣怀创办北洋大学堂，全面引进西方教育模式，建立了一套较为完善的教育教学管理制度，设立头等学堂(大学本科)、二等学堂(预科)，学制各为四年。头等学堂设专门学(即科系)四门：工程学、矿务学、机器学、律例学，为了加快培养铁路建设急需的工程技术人才，1897 年学堂增设铁路专科，1898 年又设铁路学堂，上述学门皆为当时中国社会所急需，体现了北洋大学堂"兴学救国"的创办宗旨。

1898 年春，因修建卢汉铁路急需建设人才，津榆铁路总局开办了卢汉铁路学堂，其附设在北洋大学堂内。卢汉铁路学堂生源来自上海、福州、汉口三地，共二三十人，聘请英国专家作为教师。1900 年夏，

---

① 盛承懋：《盛宣怀与近代中国高等教育》，武汉大学出版社 2021 年版，第 136~137 页。

义和团进入天津后，这批学生南迁至上海南洋公学，至 1901 年毕业。

事实上国内真正专门为铁路培养人才的机构首推天津北洋武备学堂，它是李鸿章于光绪十一年(1885 年)正月创办的。①

1896 年，英国人金达上书建议设立铁路学堂，同年津榆铁路总局创办了中国第一所铁路专门学堂——山海关北洋铁路官学堂。1897 年 11 月 22 日，学堂迁到山海关上课。曾鲲化在《中国铁路史》中这样记述："山海关铁路学堂为我国铁路学堂之最古者。系光绪二十一年(1895 年)津榆铁路公司创办。学生凡六十人，庚子拳乱时解散。如苏日新、张鸿诰、耿友兰等，皆其杰出者也。"

1900 年夏，义和团运动在天津、北京爆发，盛宣怀在南洋公学新建的上院内设立铁路班以收容战乱南迁的北洋师生。

1906 年秋南洋公学再度设置铁路工程班。1907 年底，唐文治担任校长后将原铁路工程班学生和当年暑假招收的新生归并，开办铁路专科，学制三年，开设 18 门课程。这是该校历史上设立的第一个工程专科，成为交通大学高等工程教育的发端。盛宣怀在《邮传部札饬筹设专科各办法文》中这样写道："本年毕业生暨上年毕业现习铁路工程专班者尚有多人，均请以部筹出洋经费拨设专科，则两班皆可不出洋而共沾实验之益，该监督兼筹并顾，也以设立专科为请，具见苦心，良足嘉许。"

1909 年 9 月，盛宣怀担任邮传部右侍郎期间，邮传部铁路管理传习所成立，于 11 月 13 日正式开学。他在《邮传部奏创设交通传习所开办情形折》中说："臣等公同商酌，已于臣部署后创立交通传习所一区，以培养管理人才为宗旨，与唐山、上海各学堂专习技术者，并行不悖，各尽其用。所分学科有二：曰铁路科……是以该所铁路班，分招英法文已优之学生入堂，分授科学，并令英文生兼习法文，俾易接洽，必事情

---

① 以上参见段海龙：《晚清铁路教育与京绥铁路建设》，《科学》第 5 期，第 55~59 页。

不虞隔阂，斯权力可渐收回。"

1910 年 2 月增设邮电高等班、简易班各一，更名为交通传习所，为今日北京交通大学的前身。这是中国第一所培养铁路管理人才的高等学校。

盛宣怀通过北洋大学堂、卢汉铁路学堂、南洋公学、邮传部铁路管理传习所等一批铁路学堂，为近代中国铁路事业培养了不少建设人才，有力地促进了铁路建设事业的发展。虽在办学过程中面临缺乏统一管理、师资短缺、经费紧绌、生源不足、战争动乱等困境，办学条件艰苦，但培养出的铁路建设人才仍在一定程度上满足了近代中国铁路建设事业发展的需要，从而为近代中国经济发展和社会进步做出了贡献。①

四、推进铁路管理的现代化

甲午战败后，中国掀起了一股修筑铁路的热潮，但是清政府还没有专门的铁路行政管理机关，1897 年 1 月，铁路总公司在上海成立，它在一定程度上代行了铁路行政管理的职能。

随着路矿事务对外交涉日益频繁，盛宣怀认为有必要设立专职的铁路矿务行政管理机关。1897 年，他致电王文韶，提出："特立铁路矿务衙门，统招中国及各国股份，聘请总铁路司，总矿务司，职分权力如总税务司。"之后，他又致电张之洞："救分裂之弊宜合纵，故铁路莫妙于专设机关，由国家借各国巨款，设总公司，合办全国干路，上策也。"②铁路总公司的设立，不仅致力于抵制外国势力瓜分中国路权的企图，而且使铁路事务有了专属机关。

1898 年 11 月 18 日，盛宣怀上禀庆亲王，提出："铁路不要归交

---

① 以上参见赵平：《创办近代中国铁路高等学堂的实践评析》，《西南交通大学学报（社会科学版）》2014 年第 3 期，第 131~137 页。

② 参见宓汝成：《中国近代铁路史资料：1863—1911》，中华书局 1963 年版，第 522~523 页。

涉，而归商务。一归商务，可由中国造路公司与外国借款公司订立合同，准驳之权仍归政府，可消除许多后患。"①再次表明了他对铁路总公司机关职能的看法。

1902年10月，盛宣怀又奏请在上海设立勘矿总公司，同样是为了抵制外国势力瓜分中国矿权的企图，而且使中国的勘矿事务有了专属机关。

1902年10月21日，盛宣怀作为铁路总公司的督办，主动致电外务部，要求统一规划铁路："各国铁路皆由自主，中国穷于财力借助外人，应先定干路若干条，由国家借款兴造。其余支路应准华商筹款接造。今若各国择地请造，仍要中国还款方能收回路权，恐全球无此办法，中国独吃此亏。即互有利益，亦不能有碍干路权利"，充分行使铁路专属行政管理机关的职责。

随着清末官制改革，总理衙门裁撤，改组为外务部，原属总理衙门的矿路总局划归外务部。1903年该局裁撤，铁路事务改归商部考工司。1906年清政府设邮传部。1907年卢汉铁路收回自办后，邮传部内成立铁路总局，接管了京汉、沪宁、汴洛、道清及正太铁路事务。1908年3月9日，盛宣怀被授为邮传部右侍郎，管摄路、电、航、邮四政。

1909年9月，盛宣怀担任邮传部右侍郎期间，邮传部创设了铁路管理传习所，11月13日正式开学。1910年2月，又增设邮电高等班、简易班各一，更名为交通传习所。他为培养铁路管理人才，为各级铁路管理机关以及铁路运输部门输送合格人才，推进铁路行政管理与铁路专业管理现代化，尽到了应有的责任。

1911年1月6日，盛宣怀被授为邮传部尚书。在邮传部任职期间，盛宣怀提出整顿路政、划分干支路、干路国有及借款筑路等事宜。

在盛宣怀的推动下，1911年7月，汉冶萍公司在总办李维格的主持下，以英国通行章程为蓝本，拟定了《八十五磅钢轨及附属品制造验

---

① 参见夏东元：《盛宣怀传》，四川人民出版社1988年版，第510页。

收通行章程》。7月13日，该章程与湘鄂段总工程师格林森商议后正式确定，李维格在给盛宣怀的信中说："验收钢轨等件规则已与格林森议定，兹特具禀呈部，务乞即日具奏颁行，愈速愈好，此事与厂甚有关系也"，并通过盛宣怀以邮传部名义上奏清政府。8月，清政府准奏，由邮传部颁布该标准。我国第一部钢轨制造技术标准由此产生，它统一了我国干线铁路钢轨样式规格以及制造、验收标准，在我国铁路的标准化上迈出了可喜的一步。

五、制定第一部钢轨制造标准

汉阳铁厂解决了钢材的质量问题，炼出了真正合格的钢材，此后，盛宣怀积极筹备将汉阳铁厂、大冶铁矿、萍乡煤矿三者组建为煤铁钢联合企业——汉冶萍公司，在扩大生产规模的同时，进一步提升产品的质量。

铁厂生产的钢制品，最大销量就是铁路钢轨，因为铁厂兴办的主要目的就是为了修建卢汉铁路（即京汉铁路）。作为中国最早的钢轨制造企业，汉冶萍公司先后承造了京汉、津浦、正太、陇海、沪杭甬、粤汉、株萍、南浔、广九等铁路的钢轨。

从1897年，盛宣怀与比利时银行代理公司在汉口签订卢汉铁路借款合同17款，其中就有"比公司举荐总工程师监修路工"这一款，以卢汉铁路借款合同为蓝本，以后各路借款合同中均确定由债权方举荐工程师监修铁路。由于中国尚无钢轨制造标准，各国工程师依照本国钢轨样式来设计和修建铁路，各条铁路钢轨轨式各不相同，美国、英国、法国、比利时等国钢轨样式五花八门，使得汉冶萍公司无法进行规模化生产，对未来铁路通行也带来不少后患，为此，汉冶萍公司将钢轨制造标准的制定提到了议事日程上来。

集中和连续生产是提高轧钢效率的关键，而集中和连续生产的前提是标准化，如钢轨的标准化。20世纪初，英国和其他欧洲国家正是通过产品的标准化，从而提高生产效率和降低成本，它也是提升钢轨质量的重要保证。

1911 年 4 月，盛宣怀与英、法、德、美四国银行团签订《湖北湖南两省境内粤汉铁路、湖北境内川汉铁路借款合同》，合同约定选用英国人为湘鄂段总工程师，英国人格林森受聘担任了该职。格林森在中国已经有好多年，曾经参与津浦铁路的设计，担任过沪宁铁路总工程师。格林森与汉冶萍公司总办李维格的交情很好，而粤汉、川汉铁路当时是汉冶萍公司最大的客户："厂中钢轨现已拉完，日盼部饬议订川粤汉购轨合同，即可开拉。"①在李维格的推荐下，盛宣怀选定格林森作为钢轨制造验收章程的议定者。

1911 年 7 月，汉冶萍公司在总办李维格的主持下，以英国通行章程为蓝本，拟定了《八十五磅钢轨及附属品制造验收通行章程》。该标准以英式 85 磅轨为标准，详细规定了 85 磅钢轨及附属品的样板、制造法、化验、剪裁、长度、钻孔、标志、试验法、试验器具、出钢号数及日期登记、试验费、剔退钢轨记号等规范，并附有样板图纸和计算方法。② 1911 年 8 月，清政府准奏，我国第一部钢轨制造技术标准由此产生。

由于辛亥革命爆发，该标准还未来得及实施，就随着清政府的覆灭而失效了。

辛亥革命之后，由于标准失去了官方地位，铁路工程的修建仍然未能统一，汉冶萍公司只能依靠自己的力量与客户再三磋商，将钢轨纳入标准之内。

1913 年李维格在《时报》上发表文章《中国钢铁实业之将来》，总结中国铁业不能发达的两个原因：一无国家保护，二无统一标准，呼吁政府加以重视。

---

① 参见盛档，《李维格致盛宣怀函》，宣统三年五月二十八日。
② 参见方一兵：《汉冶萍公司与中国近代钢铁技术移植》，科学出版社 2011 年版，第 90 页。

同时汉冶萍公司致函交通部，希望借助交通部的力量推行这一标准，并恳请早日颁布轨制标准，但是，新建立的民国政府无暇顾及于此。

1915 年，政府颁布民业铁路法，规定铁路的建筑方法及车辆构造，应依交通部核定之工程方法及车辆图式说明书办理。此时汉冶萍公司的钢轨制造标准仍然没有官方地位，于是公司希望借助民业铁路法的颁布，再次说服交通部，将公司先前制定的 85 磅及后又增定的 60 磅钢轨标准，予以正式颁布。但是，交通部始终没有正式回应汉冶萍公司的请求。

1914 年，新成立的中华工程师会在第四期会报上全文登载了《规定八十五磅钢轨及附属品制造验收通行章程》，该文只是将原先标题新增了"规定"二字。工程师会会报将此标准刊出，表示此标准已得到铁路工程师团体以及业内的认可，由于汉冶萍公司是国内当时唯一的钢轨制造商，该标准实际上起到了临时统一中国钢轨标准的作用，得以在国内实施。

我国第一部钢轨制造技术标准的制定与实施，对我国工业技术、制造业的发展是有深刻意义的，它为规范制造业技术标准提供了一个范式，为我国提升制造业产品质量开了一个好头。

六、卢汉铁路带动了武汉的发展

盛宣怀在督办卢汉、粤汉铁路的同时，主持了沪宁、道清、正太、汴洛和株萍、广三等支路的建造。这些铁路的建造，沟通了全国相当一部分省区的联系，有利于这些地区的物资流通，促进了经济的发展。

卢汉铁路的全线贯通，打破了中国上千年仅依赖水道与驿道的传统交通网络格局，铁路开始逐步成为中国交通的主角。中部是中华民族的腹地，可进可退，南北向的卢汉铁路建设，与东西向的长江成十字交叉，中国的交通脉络由此发生了质的变化。卢汉铁路把京师与海河、黄

河、淮河、长江流域联系起来，促进了冀、豫、鄂三省煤铁资源的开发
和大量农产品的输出。正太铁路的建成，促进了晋、冀两省采煤业的发
展，改变了山西的闭塞、落后状况，也促使正太、卢汉路的交汇点石家
庄发展成为华北重镇。汴洛铁路连接开封、洛阳，促进了郑州的发展，
有利于河南经济的发展，使汴洛路成为陇海铁路的始基。沪宁、道清等
路段的建成，大大便利了的流通，促进这些区域经济的发展。

卢汉铁路汉口大智门车站

卢汉铁路的建成，使武汉从此迈入了火车、轮船客运齐发，东可至
上海，西可达重庆，北可进京城的水陆连运时期。武汉城区的闹市区，

也不再局限于长江边的租界一隅，沿边铁路线的迅速繁华，对汉口城区面貌的改观产生了很大的影响，就连"草庐茅店，三五零星"的硚口至谌家矶一带，也变得"三十里几比室直连矣"的状况。武汉的铁路车站、轮船码头成为城市人口最拥挤的场所。当年的大智门车站诞生时，堪称亚洲最豪华的火车站，即使在现在看来仍是风度翩翩。

卢汉铁路的全线贯通，也改变了武汉在近代中国经济布局中的格局，武汉不再是长江流域中仅充当横向传导的角色，纵向的铁路线在缩短了时间和距离的前提下，还有成百上千的运载力，这更加有力地推动了汉口商业贸易的发展。当时，一位到过汉口的英国人曾感叹，中国"内地商人很快地利用起这一改善了的交通条件"，通过汉口把湖南、湖北、河南等省的农产品迅速地散往全国各地。武汉在中国中部地区的中心地位基本确立。

七、由卢汉铁路"拉"出来的郑州与石家庄

卢汉、汴洛铁路的修筑，完全改变了郑州在中原的地位。卢汉铁路修筑时，需要穿越黄河，当时有郑州东边开封府所在地开封、郑州西边河南府所在地洛阳以及郑州三个城市可供选择，结果是当时的一个小小的郑县县城最后胜出，这一次的铁路改道，改变了两个城市的命运。

事实上，1889 年，张之洞在修筑卢汉铁路的奏折中，设计的具体线路是：从保定、正定、磁州南下，经"彰（今安阳）、卫（今新乡）、怀（今焦作）等府"，在荥泽口以上，"择黄河上游滩窄岸坚经流不改之处，作桥以渡河"。过黄河后，则"由郑（今郑州）、许（今许昌）、信阳驿路以抵汉口"。

当时为了保证卢汉铁路顺利跨过黄河，盛宣怀根据比利时专家的建议，曾选择了开封、郑州、洛阳、孟津四个地点，因为铁路要尽量修成直的，走平原，少钻隧道，以降低成本。于是，洛阳和孟津便被排除了。而开封一带的黄河是著名的悬河，被称为黄河的"豆腐腰"，如果

选择从开封建桥，不但投资大，建成后风险也大。

究竟从哪里过黄河。比利时人沙多历经 4 年才结束桥址的勘察工作。经张之洞、盛宣怀拍板，大桥选址定在郑州北邙山脉尽头，就是郑州人常说的"邙山头"附近，距黄河河槽约 3 公里，此处最大的特点就是"滩窄岸坚"，"相比之下，'邙山头'附近荥泽口是当时著名的黄河渡口，符合岸坚经流不改的条件，就成了不二的选择"。

1904 年春天，火车轮第一次亲吻郑县大地，响声震耳欲聋。郑县站台上，留着辫子的男人和裹着小脚的女人惊愕得张大了嘴巴，"争睹蒸汽之火车，皆惊叹，谓之庞然大物也"。

张之洞、盛宣怀的另一个设想——修筑经洛阳沟通陕西、甘肃的铁路，也得以初步实施。卢汉铁路全线通车，改为京汉铁路后，盛宣怀即奏请清政府修建作为该线支线的汴洛（开封府至河南府）铁路（陇海铁路的前身）。1908 年，汴洛线全线通车，以客运为主。两大铁路干线在郑州交会，郑州成为中国铁路的"心脏"，郑州由此勃兴。

郑州的历史比较悠久，历史上曾五次为都、八朝为州。不过，这都是很久以前的事情了，而且是局部政权居多。到了清末民初，由州平级改为县，这就是大家一致调侃郑州为郑县的原因。

这一次铁路改道，改变了开封与郑州两座城市的命运。《郑州市志》记载："清朝末年，卢汉、汴洛两条铁路建成，郑州成为繁华商埠……"以车站为中心，郑县相继兴建了大同路、德化街、苑陵街等街道，火车站成了当时郑县最繁华的地方。由此，郑县初显近代城市雏形，"郑州是火车拉来的城市"之说也起源于此。

与郑州类似，当年石家庄也是一个名不见经传的小地方，由于卢汉铁路经过石家庄，再加上后来的正太铁路也经过此处，石家庄成了铁路枢纽，才实现了经济大发展，最终成为华北重镇、河北省的省会。而当年河北的省会保定比开封幸运的一点是保定没有与卢汉铁路擦肩而过，否则现在的保定只会更加没落。

张之洞设计的路线中的正定就是现在石家庄的一部分。卢汉铁路在北段的选址就这样铺展开来。石家庄在明清时期只是一个小村庄，面积不足半平方公里，只有百余户，六百多人。

卢汉铁路修筑时的石家庄街貌

但是，卢汉铁路来了，一切都发生了改变。1903 年建成石家庄火车站，定名为振头站。

京汉铁路只是一个开始。1907 年正太铁路建成通车，与京汉铁路交汇于石家庄，石家庄的交通网络体系呼之欲出。

铁路不断汇集资源，推动两座城市进行一轮又一轮的城市化进程，到后来两座城市分别取代保定、开封成为省会已是水到渠成之事。从此，大量的物流、人流源源不断地经行两地，通行南北。①

---

① 参见《清政府修了一条铁路，拉出两座大城市，各自取代原有省会》，https://www.sohu.com/a/487325580_100023129？_f = index_pagerecom_23&scm = 1007.68.0.0.0。

后　记

　　1911 年 5 月，清政府宣布"铁路国有"政策，将已经私有化的川汉、粤汉铁路收归国有。此举遭受四川各阶层的反对，由此掀起了声势浩大的保路运动。

　　盛宣怀自 1896 年 10 月 20 日，奉命"以四品京堂候补督办铁路总公司事务"，至 1911 年 10 月 26 日被清廷革职，这 15 年里，绝大部分时间与精力都花在铁路建设及相关事务上，他为中国的早期铁路建设，尝尽了酸甜苦辣，最后却因铁路事务而结束了政治生涯，可以说他"因铁路而建功，因铁路而成罪"。但是，中国的铁路建设并没有因此而停止前行的步伐。

　　1912 年，中华民国宣告成立。中华民国临时大总统孙中山提出了宏伟全面的铁路建设计划，设计了连通全国的 3 条主要干线，总长 20 万公里。在此后的《实业计划》"第四计划"中，孙中山又进一步设计了 5 条贯通全国的铁路大干线，细分为中央铁路系统、东南铁路系统、扩张西北铁路系统等。

　　民国时期，中国铁路发展曲折。中东铁路原是由沙俄在中国东北境内修筑的一段铁路。该铁路最早由俄国控制，1922 年苏联成立后改为中苏共管。1929 年张学良试图用武力强行收回中东铁路，结果东北军败给了苏联红军。30 年代，日本侵入东北后，苏联很快就将该铁路卖给了伪满洲国。1945 年后，苏联重新获得了控制权，并在 1949 年后将其移交给了中国政府。

从辛亥革命推翻清政府到中华人民共和国成立之前的 38 年，铁路发展相当缓慢，共计修建了 17100 公里的铁路，实际新增里程为 13500 公里。至 1949 年，全国仅有 2 万余公里铁路，布局偏于东北和沿海地区，设备陈旧，管理落后，效率十分低下。从积极方面看，它为新中国的铁路建设打下了基础，改善了许多地区的交通状况，促进了民国的经济发展和社会进步，在战时为迅速机动运输兵力打了底子，积累了修建铁路的经验，摸索了铁路建设的方法和道路。

新中国成立后，1950 年 6 月，成渝铁路全线开工；1952 年 6 月竣工，西南人民近半个世纪的梦想终于成为现实。成渝铁路西起成都，东抵重庆，全长 505 公里，是中国西南地区第一条铁路干线，也是新中国成立后建成的第一条铁路。

至 1978 年，中国铁路营业里程达到 51707 公里，铁路年客货发送量分别达到 8.1 亿人、11 亿吨，是 1949 年 7.9 倍、19.7 倍。

1978 年以来，中国铁路在改革开放中加快发展，建设了一大批重点工程，实施了既有线提速，形成了横贯东西、沟通南北、连接亚欧的路网格局，技术装备水平显著提升，客货运输产品进一步丰富，现代化进程明显加快。

至 2002 年，中国铁路营业里程达到 71898 公里，铁路年客货发送量分别达到 10.6 亿人、20.4 亿吨，是 1978 年的 1.3 倍、1.9 倍。

中国铁路依靠科技创新，建设施工技术不断改进和提高，先进通信信号技术装备大量应用，信息化水平不断提高，电气化新技术运用取得重要成果，铁路工程质量大幅提高。

自 2003 年以来，中国铁路以快速扩充运输能力，快速提升技术装备水平为主线，全面加快铁路现代化建设步伐，取得了显著成绩。至 2009 年，中国铁路营业里程达到 8.6 万公里；年客货发送量分别达到

15.25 亿人、33.20 亿吨，是 2002 年的 1.5 倍、1.6 倍。

2008 年中国拥有了第一条时速超过 300 公里的高速铁路——京津城际铁路。京津城际铁路于 2005 年 7 月 4 日开工建设，2007 年 12 月 15 日全线铺通，试验最高时速为 394.3km/h，该线设计时速为 350 公里，线路全长 120 公里，是满足中国高速铁路定义的中国大陆第一条城际高速铁路，也是《中长期铁路网规划》中的第一个开通运营的城际客运系统。

此后，中国高铁里程不断增加，截至 2017 年底，中国高铁的总里程已经突破了 2.5 万公里。

2017 年 6 月 25 日，中国标准动车组被正式命名为"复兴号"，于 26 日在京沪高铁正式双向首发。"复兴号"动车组在京沪高铁率先实现 350 公里时速运营，我国再次成为世界上高铁商业运营速度最高的国家。

到 2035 年，我国将率先建成发达完善的现代化铁路网，进而使中国铁路成为社会主义现代化强国的重要标志和组成部分。

"交通强国，铁路先行"，我们在惊叹中国铁路发展速度，为现代化铁路建设技术击节赞叹时，不能忘了 100 多年前中华大地铁路建设先驱者的艰难探索。正所谓"古之立大事者，不唯有超世之才，亦必有坚忍不拔之志"，作为新生事物，铁路这个庞然大物的出现必定会带来许多争议、争论、反对与反扑，但正是因为有许多像张之洞、盛宣怀等开明人士睁眼看世界，才使得这个新生事物在反对、反扑中砥砺前行，没有被扼杀在摇篮里。他们筚路蓝缕，不忘初心，与顽固派斗，与俗民斗，与洋人斗，道尽千言万语，想尽千方百计，费尽千辛万苦，在一片蛮荒之地铺下了第一根铁轨，进而铺就一条条路轨，成就条条干线，初步勾勒出全国铁路网的大致分布，为中华民族百年铁路网的建设打下了根基。一代代的铁路建设者们，在此基础上上下求索，精耕细作，借助现代化信息技术，使得铁路建设能力大幅提升，工程质量大幅提高，一个个世界难题得以克服，到现在基本建成了布局合理、覆盖广泛、高效便捷、功能完善、世界上最现代化的铁路网和高铁网，"中国速度"惊羡全世界。

　　谨以此书纪念为中国铁路事业做出贡献的铁路先驱者、建设者！①

盛承懋

2021 年 10 月 23 日

---

　　①　参见《中国铁路发展史！你了解多少？》，https://www.sohu.com/a/246653844_100028248。

附　　录

盛宣怀一生与铁路有关的经历纪要

（自 1844 年至 1916 年）

盛宣怀 1844 年 11 月 4 日出生于江苏武进，字杏荪，又字幼勖，号次沂、补楼、愚斋，晚年号止叟、思惠斋、孤山居士、须磨布衲、紫杏等。

1844 年

是年，父亲盛康中进士，初任铜陵令，后任庐州府、宁国府知府，和州直隶州知州。曾在那里治水赈灾。

1850 年

是年，入塾读书。此后十余年读孔孟经书，据说"颖悟洞彻，好深湛之思"。

1856 年

是年，英、法共同发动了第二次鸦片战争。

1859 年

是年，洪仁玕在其《资政新篇》中写道："倘有能造如外邦火轮车，一日夜能行七八千里者……先于二十一省通二十一条大路，以为全国之脉格，通则国家无病焉。通省者阔三丈，通郡者阔二丈五尺，通县及市镇者阔二丈，通大乡村者阔丈余……每二十里该钱若干而收……因用火用氧用风之力大猛也，虽三四千里之遥，亦可朝发夕至。"

1860 年

是年，清政府被迫签订了《天津条约》和《北京条约》。

1860—1861 年

太平军进军苏、常、沪、杭，随祖父盛隆避居盐城，辗转至时任湖北粮道的父亲盛康处。后因其父由粮道改任湖北盐法道，逢淮、蜀争引地，盛宣怀私拟"川、淮并行之议"，被采纳。父勉其从事"有用之学"。

1863 年

7 月 20 日，英商怡和洋行联络在上海的英、法、美三国 27 家外国洋行，联合呈请江苏巡抚李鸿章，要求特许建筑上海至苏州的（苏沪）铁路，并筹设苏沪铁路公司，遭到拒绝。总理衙门也表示：万难允许。

1864 年

怡和洋行雇请曾在印度修筑铁路的英籍工程师史蒂文森来华，提出以汉口为中心，沟通上海、天津、广州，以及镇江至北京的四条干线的综合铁路计划。总理衙门并不理会，再次予以拒绝。

1865 年

8 月，英国商人杜兰德（Durant）擅自在北京宣武门外沿护城河的空地上铺设了一条长约 600 米的窄轨铁路，未采用机车，而是用人力推动车厢，向京城官员和百姓表演了火车行驶的情景，然而"京人诧为妖物，旋经步军统领饬令拆卸，群众始息"。

1866 年

英国驻华公使威妥玛受英商之托，向江苏巡抚李鸿章请求修筑吴淞至上海的铁路，再次遭到上海道应宝时的拒绝。

1867 年

是年，因襄办陕甘后路粮台出力，湖广总督官文保奏，奉旨以知府尽先补用。是年赴湖北广济考察那里的煤矿，"乃知其地滨江"，考其志始知该山属官。

1869 年

是年，盛康丁忧后改官浙江杭嘉湖兵备道按察使，"固防裕饷，辖境晏然"。改任臬台后退休。

1870 年

10 月，入湖广总督督办陕西军务李鸿章幕府，李派委行营内文案，兼充营务处会办，后奏调会办陕甘后路粮台淮军营务处，"嗣因克复洪岗等处贼寨案内"，经保奏，奉旨以道员补用，并赏花翎二品顶戴。

1873 年

7 月，轮船公局改为轮船招商局，唐廷枢任"总办"，徐润、朱其昂、盛宣怀为会办。盛兼管漕运、揽载。

1874 年

英商怡和洋行为达修路目的，成立吴淞道路公司，征购了从上海（租界北）至吴淞一带约 15 公里、宽约 15 米的土地，就近招募工人，随即开工，并以"供车路之用的机器"名义，运来铁轨和机车，建成最早的吴淞铁路。

是年，奉李鸿章密谕："中国地面多有产煤产铁之区，饬即密禀查复。"始将自己"怦怦于中将十年"的湖北广济煤矿的开采付诸实践。

是年，日本派兵侵犯台湾，李鸿章奉召入京谒见恭亲王奕䜣时，即提出修建北京至清江的铁路。奕䜣表示：无人敢主持，两宫亦然。

1875 年

5 月 3 日，密札曾在台湾鸡笼山查勘煤铁的张斯桂赴湖北武穴勘查煤铁，说"此举关于富强大局，幸勿逶延"。

5 月 18 日，张斯桂到广济县与县令史醇商议开采武穴等处煤铁事。

6 月上旬，张斯桂报告盛：阳城山确是官山，煤随处都有，亦易开挖，距江亦近。颇合制造局、招商局轮船之用。

6 月 14 日，致函广济县令史醇："阳城多煤，武穴狃于风鉴之说。无论妄诬必欲举办，岂能任其阻挠，拟于月内赴武，熟商办理。"表现了采矿的决心。

6 月 29 日，李鸿章同意开采阳城山煤矿，并函示，须先集股本，酌议章程，与汉黄德道兼江汉关监督李明墀会同筹办，以取得地方支持。试办稍有头绪，再行推广。

7 月 7 日，湖广总督李瀚章、湖北巡抚翁同爵委令会同湖北汉黄德道兼江汉关监督李明墀督带湖北候补知县史致谟前赴广济县阳城山查勘，审度地势，详细绘图禀复。

7 月 24 日，广济煤矿设厂雇工开挖。

10 月下旬至 11 月初，在天津拟定官督商办性质的《湖北煤厂试办章程八条》，送呈李鸿章。

12 月 19 日，英国矿师马立师由日本抵上海，委托徐灏升与马立师晤谈看山开矿事。

12 月 24 日，经南京抵广济阳城山一带再加审察，以便确定"湖北开采煤铁总局"的局址。

1876 年

1 月 13 日，驰抵广济阳城一带，决定选适中之地盘塘为总局驻地。

1 月 14 日，启用湖广总督颁发的"湖北开采煤铁总局关防"（木质）。

1 月 15 日，李鸿章、沈葆桢、翁同爵会奏，拟请委派盛宣怀会同李明墀试办开采鄂省广济、兴国煤铁，售与兵商轮船及制造各局。

2 月 1 日，上谕：鄂省试办开采煤铁，着盛宣怀会同李明墀妥为经理。

2 月 19 日，与英矿师马立师订立雇用合同。该合同体现了自主权。

2 月 26 日，偕马立师等抵沪，委托耶松洋厂定造勘矿铁扦。

4 月 29 日，清廷分别任命盛宣怀等十人为提调、委员等职，从光绪二年(1876)正月起支薪。

7 月 4 日，英商怡和洋行的吴淞铁路投入运营。清政府见状，方知受骗，反过来与英国人交涉，而此时的英国人则不予理睬。

8 月 3 日，就在吴淞铁路即将运营一个月的时候，火车在江湾地段意外轧死一位路人，引起人们的恐慌。清政府趁机勒令火车停运。

9 月上旬，著《论矿事书》：主张(1)自己培养认矿人才，一面选聪颖子弟随洋人看矿学习，一面选派人才出洋专学开矿本领。(2)至于民情，似可无虑。所虑者不在民情而在官绅；不患事后之滋事，而患事前之阻挠。提议事前做好工作。(3)统一领导，遍勘各省矿产，俱归督办。

9 月中旬，在烟台面托总税务司赫德聘雇英国矿师一名及匠目二人。

10 月上旬，盛宣怀奉李鸿章之命从烟台赶到上海，与英员梅辉立谈判关于淞沪铁路拆除的问题。

10 月 24 日，谈判定议于江宁，中国以 28.5 万两白银购回英商所修筑的由沪达宝山、江湾镇的淞沪铁路，并同意英商公司再运营一年，至 1877 年 10 月 21 日为止。据统计，在实际运营不到 10 个月的时间里，铁路运送乘客 16.1 万人次。

12 月 9 日，驰抵盘塘。

1877 年

1 月 13 日，报李鸿章：已在盘塘设立总局，亲自驻局督办。

1 月 22 日，上书李鸿章：购买外国之煤，利自外流，不如开采自产之煤，利自我兴。但咸丰年间所定税则不利于我平土煤成本以抑洋煤。欲平我煤价，必先平我税则，要求每吨减为税银一钱。

2 月 5 日，陈请李鸿章，由湖北开采煤铁总局兼采施南、宜昌铜矿。

3 月 2 日，李鸿章函复：施、宜一带铜、铅及归州煤矿，俟洋矿师到后遍察矿苗，择要开采，不必拘守兴、济奏案。

3 月上旬，函报翁同爵：广济、兴国各矿一半停工，俟所聘英国矿师到后勘测再定。

3 月 30 日，赴沧州，迎见李鸿章，禀商招商局厘定章程及煤税事。

4 月 7 日，赴部引见。李鸿章推荐说，盛宣怀"心地忠实，才识宏通，于中外交涉机宜能见其大，其所经办各事皆国家富强要政，心精力果，措置裕如，加以历练，必能干济时艰"。

4 月 16 日，赫德来函：代延之矿师郭师敦及机器匠人，业于二月初二日由英国起程，约在三月十五日前后即可到沪。

5 月 6 日，郭师敦、谭克、派克等洋人来到盘塘总局。

6 月 24 日，抵盘塘总局。

8 月 16 日，李鸿章来函，称许"先煤后铁"的见解甚是，在指出鄂省矿务成败利钝动关大局的同时，告以鄂矿为"立足之地，自应在鄂得手，方为办理有效。专望鄂煤得利，渐次推拓，以为开铁张本"。

9 月 7 日，率郭师敦等抵宜昌，准备往归州、兴山、荆当等地勘矿。

9月8日，李鸿章见盛对鄂矿动摇，因而来函鼓励盛在鄂开采树立典型，以便他处仿办。

9月中旬，盛先后派人去归、巴以及当阳、长阳等地查勘煤矿，体察民情，如有端倪，再亲率矿师前往履勘。

9月下旬，郭师敦向盛宣怀提交了大冶铁矿的化验报告。报告说大冶铁矿的"铁质净六十一分八八之多，矿之佳者推此为最。以熔生铁，淘称上等，再炼市销熟铁，亦无不可"。

10月，吴淞铁路买断协议期满，火车停运。收回铁路仅过10天，新任两江总督沈葆桢便下令拆除铁轨，外国媒体指责此举为"野蛮无知"。

10月23日，从宜昌启程，行抵沙市后即赴观音寺，会同地方官，向绅民说明延雇洋匠查勘矿务本旨，以免疑阻而生事端。部署既定，即回沙市。

11月11日，亲率矿师乘舟溯沙江，入漳河，水竭滩多，日行二三十里，抵观音寺。

11月23日，率矿师自观音寺起程，赴大冶履勘铁矿。

12月15日，率郭师敦等由武昌启程，抵大冶黄石港，会同知县林佐，连日详勘铁矿，履察水道。

12月27日，回黄石港，在大冶县属沿江一带寻觅安炉基地。

1878年

2月，以湖北开采煤铁总局名义买得大冶铁矿山。

5月中旬，禀李鸿章，要求在大冶先开炉一座，逐渐推广。

9月9日，接李鸿章札，批准李金镛为矿局总办，周锐为提调，自己因时有别项差委，不能专顾矿务，但仍随时会督妥商办理。

9月15日，称赞郭师敦能"视公事一如己事，忠诚在抱，必能妥速成功"，希郭在中国湖北矿务中先得首功。

1879 年

3 月，李鸿章对盛赈济救灾有功予以赞赏。

5 月上旬，就湖北煤铁矿事禀告李鸿章与鄂督李瀚章，说自愧菲材，暗于谋始，以致艰于图成。谨拟两策：（1）如仍归官办，拟请在制造、海防项下每年拨款，以煤熔铁，以铁供制造，联为一气。前五年用款，制造局奏销。（2）另招商股，遣撤洋匠，专办煤矿。已用官本，就截存之官本生息弥补。

5 月 27 日，李鸿章批准同意荆门、大冶矿商办。撤销盘塘总局。

6 月 15 日，苏抚署江督吴元炳批评湖北矿务旷日持久，巨款虚靡，官本愈亏，商更裹足，中国需用煤铁依然仰给外洋，而徒多内地开矿之费，"实属无益而有损，转不如暂议停止之为愈"。

6 月 28 日，向李鸿章汇报荆门、大冶煤铁两矿，经勘定确有把握，经费难筹，拟先用土法，试办荆煤，辞退洋匠，所需资本，招集商股先行开办。前领官本，一律截止，以清界限，将截存直、鄂官本交江苏、汉口各典生息，以每年利息弥补动缺官本。

11 月，李鸿章召集盛宣怀商议洋务。盛认为："欲谋富强，莫先于铁路、电报两大端。路事体大，宜稍缓，电报非急起图功不可。"

1880 年

1 月，给矿师郭师敦出证明单，评价较高。说该矿师于矿务、化学、绘图一切甚为熟谙，办事亦颇认真。

秋，设天津电报总局，盛任总办，郑观应任上海分局总办。

10 月，在天津设立电报学堂，招雇洋人来华教习电学打报工作。

10 月，开平矿务局督办唐廷枢为适应运煤需要，在唐山至胥各庄间动工修筑一条长约 9.7 公里的铁路，全部采用 1.435 米的轨距，工程于 1881 年春夏之交完工，成为中国自办的第一条铁路。按照英国工程师金达的设计图纸，自制了一台蒸汽机车，车头两侧还各镶嵌了一条金属制成的龙，故有"龙号机车"之称，时速仅 5 公里。

12 月，刘铭传应召入京，向朝廷呈上《铸造铁路自强折》，正式提出修筑铁路的建议，指出铁路利于漕务、赈务、商务、矿务、行旅，对于用兵尤不可缓。他建议修建四条铁路，南北各二条，均以北京为起点（即北京至汉口、至清江、至盛京、至甘肃），由于工程浩大，他提出先修北京至清江一路。

对于刘铭传的提议，清廷命北洋大臣李鸿章、南洋大臣刘坤一妥议具奏。刘铭传修建铁路的提议传出后，立即遭到朝中顽固派的围攻。

10 天后，李鸿章复奏，支持刘铭传的主张，并指出修建铁路有"九利"。然而，顺天府丞王家璧上奏，对李鸿章的复奏大加批驳，并指责李鸿章未与刘坤一联衔合奏，此举过于轻率。

1881 年

2 月初，刘坤一的复奏到京，称赞铁路有便捷、调兵之利，但又担心将使依靠车马为生的贫民失业，铁路增税，将使田地税厘化为乌有，希望对修建铁路的利弊详加斟酌。

8 月上旬，李瀚章据人告发：盛赴鄂省开矿以来，扦煤武穴，成效未睹，亏累已多。继复设局于荆门，始而收买运售，既又集股开采。迄今三载，局务既无起色，亏项亦毫无弥补，而徒屡禀求公家减免税厘。

8 月 21 日，李鸿章批评试办武穴煤矿数年，既无丝毫成效，反多累官帑。开采荆煤，未几交金董接手，官气太重，事不躬亲，一任司事含混滋弊。所运之煤竟买自民间，运赴下游各口出售，攘夺民利，以致怨谤迭兴。荆煤既无可采，应即将该局裁撤。

9 月 2 日，向李鸿章申述试办武穴煤矿不成的原因，误听洋师马立师之言，土法开采百余处，见煤者亦四五十处，而煤质碎劣，煤层薄散。但认为开煤蹙甚多，养活穷民不少，颇得人心。在官在商，尚未能收成效，而于民则不为无益。

9 月 2 日，再向李鸿章禀：湖北矿务开局以来，收支尚不敷钱六千四百二串二百六十七文，统由盛尽数垫赔，历经造具清册详报在案。

9月19日，李鸿章对盛等办理荆门矿不善的狡辩批评说："该道等尚谓办理不谬，于事有益，人言冤诬，何其昧昧若此！……何其好为大言。……业经批饬，酌筹裁撤。"

10月28日，李鸿章札盛，赶速裁撤，勿得借词宕缓，煤运完立即禀销关防。荆门矿局随即撤销。

是年，总结办矿经验有七条：(1)首勘矿苗。(2)次辨矿质。(3)次查运道。(4)次计人工。(5)次募炉头。(6)次集资本。(7)次议税厘。

1882 年

春，盛回忆过去甚感委屈，他与人书："五年艰苦，屡濒于危，十万巨亏，专责莫诿。地利亿万年，暂置之犹可望梅止渴，竟舍之则泼水难收。天理人心，昭昭如揭。原拟俟东海得手，分资派员，先办荆矿，俟煤可供用，而冶炉反掌可成矣。"

6月，北洋大臣张树声饬盛宣怀派矿务学生池贞铨随同赴烟台查勘铅矿，以备制造铅弹。随即率池贞铨和委员冯庆镛赴烟台。

8、9月，率池贞铨、冯庆镛勘得登州府属之宁海州栖霞县、招远县俱产铅矿。随即将宁海矿石送天津制造局化验，招远矿石送外洋化验。盛拟有《试办山东滨海各铅矿章程》十条，对用人、招商等均有明确规定。李鸿章给与"亦尚周妥"的批示。

9月，成立金州矿务总局，任督办，聘郑观应为总办，负责招集股份。

冬，清政府正式将电报机构命名为"中国电报总局"，盛宣怀任督办。

1883 年

春夏间，盛以闽粤等处电线道远费繁，法越事兴，市面清寥，商股观望，不得已，暂挪金州矿款以济急需。矿电商股，皆盛所招募，以矿易电，商所乐从，股本无虑亏耗。而部议谓为办理含混，铺张失实，科以降级调用处分。时左宗棠方奏保盛才堪大用，奉旨以海关道、出使大臣交军机处存记。

1884 年

4 月 9 日，清政府做出了重大人事调整，醇亲王奕譞入主中枢，总领军机处，清廷内外政策均有所变动。

6 月，朝廷下谕："铁路一事……惟此等创举之事，或可因地制宜，酌量试办。著总理各国事务衙门会商李鸿章详加酌复，妥筹具奏。"李鸿章建议继续试办铁路，提出先修漕运铁路。

7 月上旬，向李鸿章诉说，中国以西法试办矿务，断非巨资积久不能为功。开平煤矿用商款二百万，八年未能获利；台湾基隆煤矿用官款数十万，九载未能归本。

1885 年

2 月 4 日，关于湖北煤矿亏款，自认赔贴制钱一万串，这样连同垫用制钱六千四百二串二百六十七文，共赔一万六千四百二串二百六十七文。

8 月 1 日，受命任轮船招商局督办。

8 月，因总理电线，成绩卓著，李鸿章特疏请奖，奉旨以海关道记名简放。

9 月 23 日，李鸿章上奏表扬盛："该员才具优长，心精力果，能任重大事件，足以干济时艰。"

1886 年

7 月，简授山东登莱青兵备道兼烟台东海关监督，这是正任道官之始。但仍以办轮、电事居多。

1887 年

1 月 1 日，李鸿章筹资，先将唐胥铁路由最初的 9.7 公里延长到约

43 公里。随后，海军衙门复奏延伸至大沽和天津。

2 月，与马建忠禀山东巡抚张曜发展山东内河小轮，得到批准。随后山东内河小轮通航。

1888 年

9 月 27 日，致电李鸿章，拟到外洋请一头等矿师，打算大举勘查和开采五金矿藏。

10 月 3 日，在李鸿章主持下，由詹天佑指挥修筑的津沽铁路正式竣工，全长 130 公里。同时，为了运输盐，亦修筑了一条至西沽的支线。

10 月 9 日，李鸿章亲率官商乘车验收，全程 120 余公里，3 小时即行完全程，李鸿章为之十分兴奋。

10 月 13 日，李鸿章致函奕䜣，竭力主张修筑从天津到通州的铁路，李的主张再次得到奕䜣的赞同。

11 月，奕䜣又奏请修建天津至通州的铁路，慈禧太后批准了这一请求。结果却引发关于铁路问题的激烈争论。

1889 年

1 月，慈禧懿旨将余、屠、洪等人请停办津通路的奏议交海军衙门会同军机大臣妥议具奏。次日，礼部尚书奎润、户部尚书翁同龢、仓场侍郎游百川、内阁学士文治等上奏，均反对修建津通路。

同月，慈禧懿旨又将这些奏议连同此前余、屠、洪等人的奏议责成海军衙门会同军机大臣一并妥议具奏。

2 月 14 日，慈禧认为海军衙门和军机大臣会奏辩驳精详，敷陈剀切，因事关大局仍责成沿江沿海 13 位督抚将军各陈己见，迅速复奏。

3 月中旬，将军们陆续复奏，有 10 位反对，坚决支持的只有台湾巡抚刘铭传和两江总督曾国荃。

8 月 28 日，慈禧懿旨，明确修建铁路的重要性，此事"造端宏远，实为自强要图"，决定采纳张之洞的建议，修建从卢沟桥至汉口的铁路，派李鸿章和张之洞会同海署负责筹办。

12月上旬，与张之洞会晤于上海，商谈关于创办汉阳铁厂一事，盛拟订创办铁厂章程，主张招集商股商办。与张之洞的官办主张相左。

1890 年

3月16日，张之洞致函李鸿章：盛道前在沪具一禀，所拟招商股办铁厂办法与鄙见不甚相同，"商股恐不可恃，且多胶葛"。

4月，俄国修建西伯利亚铁路，清廷因国防需要，计划在中国东北修建铁路(关东铁路)。李鸿章与英国工程师考察后建议从冶津铁路的终点古冶经山海关至沈阳、吉林修建铁路。此定线方案得到了海军衙门的同意，海军衙门便在第二批勘测考察人员返回后确定线路为：山海关—锦州—新民—沈阳—吉林一线，并将此方案交李鸿章由其上报朝廷。

4月30日，该建议得到清廷批准，清廷于是在山海关设立北洋官铁路局，开始修建关东铁路。

8月25日，海署复电批准了张之洞铁厂的选址，铁厂正式定名为"汉阳铁厂"，自此铁厂进入了建设阶段。

11月，禀庆邸：大冶铁矿官办必致亏本，如果尽早改归商办，就大冶江边设炉开炼以就煤铁，可以做到"轻运费而敌洋产"。

12月23日，经过三个月的实地测量和规划之后，汉阳铁厂正式在湖北龟山脚下奠基动工兴建。

是年，开平矿务局的古冶林西矿即将完工，因为煤矿运输的需要，唐山和古冶之间修筑了一条铁路，并与当时的唐津铁路相连，更名为冶津铁路。

1891 年

3月19日，致函李鸿章推荐郑观应至唐山帮理矿务，郑以"亲老多病，不敢远离"辞。乃向李鸿章荐郑代理开平煤矿粤局总办。

1892 年

6 月，从登莱青兵备道调补天津海关道兼海关监督，7 月到任。

是年，关东铁路修建至滦县并开工修建滦河大桥。

1893 年

3 月 30 日，派郑观应溯长江西上，稽查各招商分局利弊，作为整顿的依据。

4 月 5 日，郑观应自汉口致书盛，告以张之洞的汉阳铁厂恐办不下去，请作好接办准备。

10 月 19 日，上海机器织布局厂被焚，损失惨重。社会公认盛宣怀的财力、身份、势力最适宜担当织布局的规复之任。

11 月 26 日，接到规复上海机器织布局重任。

11 月，汉阳铁厂正式建成投产。全厂包括生铁厂、贝塞麦钢厂、西门士钢厂、钢轨厂、铁货厂、熟铁厂等六个大厂和机器厂、铸铁厂、打铁厂、造鱼片钩钉厂等四个小厂。

12 月 8 日，自津抵沪，暂寓上海电报局。从事规复织布局重任。与原织布局总办杨宗濂等协商，结束前账，招股集资，很快有了头绪。改"局"为"厂"，命名为"华盛纺织总厂"，下分十个分厂。

1894 年

2 月 17 日，张之洞委派盛筹办湖北纺织局，说将来此厂办成，即委该道兼充总理局务，以资整饬。盛未就。

3 月，回津海关道任。

3 月，滦河大桥建成。同年，关东铁路修至山海关，天津至山海关铁路改称津榆铁路。

7 月 25 日，日本发动侵略朝鲜和中国的战争。

9 月，平壤之役，五弟盛星怀在前敌阵亡。盛宣怀极悲痛。

是年，中日甲午战局已成，旅顺、威海相继沦陷。盛屡请起用前台抚刘铭传，廷意初不以为然，事急召之，刘不出。

1895 年

4 月 8 日，致书郑观应，感谢郑所赠《盛世危言》四部，说乞再寄赠 20 部，拟分送都中官员以醒耳目。

4 月 17 日，中日《马关条约》签订。盛在"病榻扪膺长叹"。

6 月 7 日，致书郑观应，告以《盛世危言》一书蒙皇上饬总署刷印二千部，分送臣工阅看。

7 月 19 日，光绪皇帝颁发谕旨，宣称"当此创巨痛深之日，正我群臣卧薪尝胆之时"，并提出救亡图存的六项"力行实政"，同时很自然地又把修建铁路置于首位。

秋，就光绪十一年（1885）所建博文书院原有房屋，设头等学堂，又另设二等学堂一所，使学生递相推升，与曾充教习之美国驻津副领事丁家立商订课程，以切近易成循序渐进为本旨……是即北洋大学堂，为盛宣怀办理正规学堂之始。

10 月 16 日，张之洞响应朝廷提出的救亡图存的六项"力行实政"，说：方今时势日急，外患凭陵，日增月盛，富强之计，首以铁路为第一要图"，于是上下一致地将修建铁路放上了议事日程。

12 月 6 日，朝廷决定由胡燏芬督办津卢铁路，恭亲王奕谟等人向皇上报告：卢汉铁路仍然是中国铁路的枢纽，先兴建津卢路，实际是为兴建卢汉路打基础，既便于运输铁路建设器材，也有利于招集商股。该年冬季，光绪皇帝发布谕旨，认为卢汉铁路亟当举办。命直、鄂二督王文韶、张之洞会筹，二人酝酿认为盛宣怀堪胜此任。

是年，张之洞多次致电总理衙门并上奏慈禧、光绪，提议修筑沪宁铁路。他认为：从上海修铁路经苏州、镇江到南京，并从苏州旁通杭州，对"商务、筹饷、海防"三方面均极有益。他的提议得到了清政府的批准。

1896 年

2 月 18 日，两江总督刘坤一给盛宣怀来电，说："闻公在津新设学堂，章程甚佳，即祈抄示全卷，以便将来仿办。"

2 月 23 日，张之洞有意要盛承办铁厂，盛电告张之左右手恽莘耘表示：愿承办铁厂，拟于下月送李鸿章出洋后，到鄂勘议。如张之洞意定，必当竭力为国家筹计远大，决不存丝毫私见。

4 月 27 日，电直督王文韶：沿江查察各招商分局，今日到汉。鄂厂已靡五百万，但可设法补救，"宣系创始得矿之人，颇愿为之区画"。

同日，向王文韶陈述办铁路的方针："权自我操，利不外溢，循序而进，克期成功。"

4 月 30 日，赴汉阳看铁厂。

春，禀两江总督刘坤一，筹建南洋公学。于上海徐家汇购买基地，作为公学校址。此即今之上海交通大学原址。

5 月 14 日，奉张之洞札委督办汉阳铁厂。铁厂改归商办。聘郑观应兼任总办，以事整顿。

同日，禀复张之洞：中国办事最易分歧，万一铁路所用钢轨等件，仍欲取材于外洋，使华铁销路阻塞，商局何能挽回。届时如果出现这种情况，请准其停工发还华商资本，仍归官办。

5 月 15 日，与人书：铁政不得法，徒靡费，几为洋人得。张之洞属意宣，意甚坚，"若一推让，必归洋人"，故接办。

5 月 24 日，汉阳铁厂总办郑观应到任。

7 月 27 日，禀王文韶、张之洞：铁路之利远而薄，银行之利近而厚。华商必欲银行铁路并举，方有把握，如银行权属洋人则路股必无成。闻赫德觊觎银行，此事稍纵即逝，也即"银行铁路应一气呵成"，将铁路、银行统于一手。

7 月 31 日，致电直督王文韶："张振勋可充一(铁路)总董，责成外埠招股。"

8月，向政府提出开办银行的意见，认为开银行可以流通上下远近之财，振兴商务，为天下理财一大枢纽，故欲富民必自银行始。

同月，写《铸银币意见》，认为：铸一两重的银元可以"徐禁他国银币不准通用，实系塞漏卮之一端"。

9月2日，张之洞向清廷推荐，说由盛宣怀督办铁路最为适当。因盛兼商业、官法、洋务三者之长。

同日，南洋大臣沈葆桢奏请建筑吴淞至江宁的铁路；直隶总督王文韶、两江总督张之洞会奏：先筑淞沪，后筑沪宁，清廷批准。

9月，奉上谕："王文韶、张之洞会奏请设铁路总公司，并保盛宣怀督办一折，直隶津海关道盛宣怀著即饬令来京，以备咨询。"随即遵旨入都。

10月19日，皇上召见，奏对关于南北铁路事，皇上深维至计。

10月20日，奉命："直隶津海关道开缺，以四品京堂候补督办铁路总公司事务"，并被授予专折奏事特权。

10月30日，被授予太常寺少卿衔。

11月1日，上《条陈自强大计折》，陈练兵、理财、育才三大政，及开银行、设达成馆诸端。

11月初，上奏《请设银行片》，说银行流通一国之货财，以应上下之求给……近年中外士大夫亦多建开设银行之议。现又举办铁路，造端宏大，中国非急设银行不可，否则"无以通华商之气脉，杜洋商之挟持"。

11月13日，出京都，顺道勘卢沟桥铁路事务，认为卢汉铁路路线直径取道信阳，不绕襄樊，以免迂折。

11月16日，驰抵天津，与直督王文韶议设立铁路总公司于上海，天津、汉口设分局。

11月，筹办成立中国通商银行，先集商股250万两，招商局集80万两。

12月3日，告张之洞：炼钢需煤，现开平焦炭供不应求，不得已另派干员赴萍乡设炉，采煤自炼。此铁厂生死关键，势难全徇人情。

是年，原津冶铁路收归官办。

是年，津榆铁路总局创办了中国第一所铁路专门学堂——山海关北洋铁路官学堂。

是年，在《拟办铁路说帖》中说："中国于铁路工程尚无专门之学，驾驭洋匠，教习华徒，研究地形，随在有关紧要；而用人理财，尤非精神贯注，不能取精用宏，风清弊绝。"

1897 年

1 月 6 日，正式启用"铁路总公司关防"。

1 月 27 日，向清廷报告，银行名称公拟"中国通商银行"。

1 月，铁路总公司成立于上海。奏明先造卢汉干路，其余苏沪、粤汉次第展造，不再另设立公司。

同月，南洋公学基本建成。自任督办，聘何嗣焜任总理(校长)。

2 月，比商至鄂，议铁路借款。就商于张之洞，金以比为小邦，无他觊觎。即阴附他国商股，我于条款内坚明约束，只认比公司不认他人，可无流弊。其息率视他国所索为轻，且允既以铁路作保，无须再用国家名义。磋议至四月初六日，始订草约。

4 月 12 日，关于铁路总公司管理机构的人事安排，盛宣怀致函王文韶，提出要调用"何嗣焜、郑孝胥、蔡汇沧和梁启超"四人。

5 月 11 日，盛宣怀致电李鸿章，谓："比合同磋磨以至极处，惟吾师酌知此中艰难。五年必成，彼未勘路，故欲作活笔，要删亦可。买料五厘佣钱，除自造钢轨外，约购外料千万两，所费仅五十万两，四厘九扣较五厘不扣，约便宜二百余万两。"

5 月 27 日，"中国通商银行"上海总行开张。

5 月 27 日，盛宣怀与比利时银行代理公司代理人马西、海沙地在武昌签订《卢汉铁路借款合同》十七条。合同规定借款 450 万英镑，年息 4 厘，期限 20 年；借款由国家批准，而由卢汉铁路及其一切产业作为担保；铁路限 5 年完工；由比利时派总监工负责聘用铁路工程人员和建造铁路，而由中国铁路总公司督办节制总监工；铁路所用材料，先用中国制造，中国不能制造者，如比利时商人在公开投标中以最低价中标，可允其为铁路购料，并按购料价值给佣金 5 厘。

6 月 3 日，盛宣怀致翁同龢函，提到的总公司组成人员为，收支：严作霖、杨廷杲；购料：何嗣焜、蔡汇沧、朱宝奎；铁路顾问：锡乐巴。

12 月 24 日，被补授大理寺少卿衔。

是年，北洋大学堂增设铁路专科，次年又设铁路学堂，上述学门皆为当时中国社会所急需，体现了北洋大学"兴学救国"的创办宗旨。

1898 年

2 月，自德占胶州湾后，俄占旅顺，法窥琼州，日图福建，英亦有图扼长江之谋，瓜分危机严重。盛上奏陈述危急形势之后，提议粤汉路自办：是各要害口岸，几尽为外国所占。仅有内地犹可南北自由往来，若粤汉一线再假手英人，将来俄路南引，英轨北趋，只卢汉一线局蹐其中，何能展布？惟有赶将粤汉占定自办，尚堪稍资补救。故此路借款，断以美国为宜。若无意外枝节，竭六七年之心力，当可使南北干路相接。正月初五日清廷批准粤汉路自办，并命妥速筹办粤汉、卢汉等铁路，达到了督办粤汉铁路的目的。

同月，1897 年 10 月与比利时签订的卢汉铁路借款草约，因胶州之疫情势变迁，比欲翻议：借口东线将筑津镇路，延不交款，多方要挟。盛乃以卢汉、粤汉均将改用美款以慑之，几经磋磨，续议条件，并允加息，始未悔议。

3 月 27 日，由光绪皇帝钦准，清政府总理衙门与福公司签订了《河南开矿制铁以及运输各色矿产章程》，内容共九条。

4 月 10 日，托驻美公使伍廷芳在华盛顿与美国合兴公司签订粤汉铁路借款合同。

5 月 21 日，山西巡抚派山西商务局曹中裕与华俄道胜银行代理人璞科第在北京总理各国事务衙门签订了《柳太铁路合同》。柳太铁路全长约 500 华里，工期 3 年，借款 2500 万法郎，年息六厘，25 年本利还清。

6 月 11 日，光绪帝下诏"明定国是"。戊戌百日维新从这一天开始。

6 月 23 日，《卢汉铁路比国借款续订详细合同》和《卢汉铁路行车合同》正式签订，清政府向比利时公司借款 450 万英镑（年息 5 厘，9 折付款，期限 30 年）。该合同规定，筑路工程由比利时公司派人监造；所需材料除汉阳铁厂可以供应外，都归比利时公司承办，并享受免税待遇。在借款期限 30 年间，一切行车管理权均归比利时公司掌握。

7 月 28 日，奉上谕旋即赴津督催卢汉北路工程。

8 月 11 日，卢汉铁路比国借款合同，于五月初八日在上海画押。本日奉朱批："依议。"

9 月 1 日，盛宣怀与怡和洋行在上海订立《苏杭甬铁路草约》。草约规定苏杭甬铁路草约以及将来订立的正约，都与沪宁铁路章程一样办理，并要求怡和洋行及时派人测勘各路。

9 月 21 日，戊戌维新失败。

11 月 18 日，上庆亲王：铁路不要归交涉，而归商务。一归商务，可由中国造路公司与外国借款公司订立合同，准驳之权仍归政府，可消除许多后患。

11 月 30 日，萍安铁路竣工，路长 7.23 公里，为株萍铁路之开端。

11 月，赴鄂，督催滠口至信阳路工。

1899 年

1 月，赴大冶查勘铁矿，之后返沪。

4 月 7 日，与日本制铁所长官和田签订煤铁互售合同，向日本每年买煤三四万吨，供应日本每年五万吨铁矿，以 15 年为期。张之洞对此提出异议。

9 月 14 日，患痢疾，扶病北行，验收卢保路工。由上海搭乘轮船，不久到达天津。

9 月 29 日，驰至卢沟桥，顺轨西行以至保定。

10 月 4 日，乘车进京。

11 月 22 日，致总理衙门文：中国矿产至富，大利未收，烟煤焦炭用途最广，而东南各省多待济于日本，致使汉阳铁厂、轮船、纺织各厂局，成本加重。各国讲求商务，总以出口之货抵入口之货为第一义。故宜大力自办煤矿，用先进技术开采。

11 月，奏请卢汉铁路北端接轨至马家铺。本日奉朱批："著照所请该衙门知道。"

是年，向德国礼和洋行借四百万马克，以加速萍乡煤矿开采的建设，用招商局财产作押。

是年，清政府允许福公司修筑"道泽铁路"的道口至清化(当时河内县清化镇，今博爱县清化镇)一段线路。

1900 年

6 月 21 日，与日本签订煤铁互售合同第一次续订条款。

6 月 24—25 日，先后电粤督李鸿章、江督刘坤一、鄂督张之洞等，发起"东南互保"。其总方针是：剿拳、护使、惩祸首、不援京师；与列强互保东南，不受干扰。当即得到督抚们的赞同。

6 月 26 日，指导沪道余联沅，与列强驻沪领事订定《东南互保章程九款》，上海租界归各国保护，长江内地归各督抚保护，两不相扰。此后，盛宣怀尽力确保"互保"局面成功，并扩大"互保"范围至西南、山东等处。

7 月 8 日，清廷下令调李鸿章为直隶总督，议和全权大臣。李鸿章即由广州起程北上。

7 月中旬，李鸿章到上海，盛与其密谈两天。李认为议和时机尚未成熟，决定由陆路北行，以拖延时间。

7月13日，委托驻美公使伍廷芳与美国合兴公司订《粤汉铁路借款续约》。

8月14日，八国联军攻陷北京。慈禧太后、光绪皇帝和一部分王公贵族仓皇出逃。

8月24日，清廷在李鸿章的议和"全权大臣"之上又加了"便宜行事"四字。

1901 年

1月5日，被派充会办商务大臣（商务大臣为李鸿章），驻沪。

2月19日，张翼（燕谋）出卖开平矿权与英，本日签订移交合同。

9月7日，《辛丑条约》签订。

10月1日，被授予办理商务税事大臣。

11月7日，李鸿章离世。遗折由袁世凯继任直隶总督。

12月11日，因保护东南地方有功，被清廷赏加太子少保衔，并受命着手办理商约谈判事宜，稍后添派吕海寰为商约大臣，名列盛宣怀前。

12月12日，与英、美所派商务大臣议约专使晤谈。

1902 年

1月8日，慈禧太后、光绪帝回到北京。

2月20日，被授为工部左侍郎。

7月1日，与吕海寰偕英使马凯由沪启程赴宁、鄂与刘坤一、张之洞晤商商约事。

7月8日，电外务部：葡萄牙索造铁路，意在推展澳界，图占香山，如不允所请，只能由葡借款筑造作为中国支路，并须订立合同以清界限，而保主权。

10月15日，奉命与华俄道胜银行驻上海总办佛威郎谈判。经磋商，双方拟定了《正太铁路借款合同》（二十八款）和《正太铁路行车合同》(十款)。最后签订了新合同名曰《1902 年中国国家铁路五厘借款》，借款总数为 4000 万法郎，年息五厘。

10 月 21 日，电外务部请统一规划铁路：各国铁路皆由自主，中国穷于财力借助外人，应先定干路若干条，由国家借款兴造。其余支路应准华商筹款接造。今若各国择地请造，仍要中国还款方能收回路权，恐全球无此办法，中国独吃此亏。即互有利益，亦不能有碍干路权利。

10 月 24 日，父盛康去世。电请开去各差缺，俾安心守制。旋奉谕旨："卢汉、粤汉铁路总公司及淞沪铁路筹款、购地、买料、修工事宜，仍着盛宣怀一手经理。"张之洞复力陈铁路不可易人。盛三辞不获。事实上其他一些差缺并未开去，改为署任。

10 月，奏请在上海设立勘矿总公司。

同月，派湖北铁厂总办李维格带洋工程师去日本，转赴泰西各国参观有关工厂，究其工作精奥之大端，借他山之石以攻玉。

11 月，萍乡至醴陵段竣工通车，路长 38 公里，并命名为萍醴铁路。

11 月，袁世凯到上海乘吊盛康丧之机，与盛宣怀面谈轮、电二局事。盛答："船宜商办，电宜官办。"

1903 年

7 月 9 日，盛宣怀与英方中英银公司代表碧利南正式签订《沪宁铁路借款合同》(共 25 款)。《沪宁铁路借款合同》规定，借款总额 325 万英镑，按九折实付，以全部路产及营业进款担保，期限 50 年，25 年后开始还本。

10 月 5 日，耗资四千万美元的广三铁路全线竣工，时任两广总督的岑春煊主持了盛大的通车典礼。

11 月，由盛宣怀与比国铁路公司代表卢法尔签订的《汴洛铁路借款合同》，得到清廷批准。

1904 年

1 月 15 日，与日本小田切万寿之助签订《大冶购运矿石预借矿价正合同》。以冶矿等物产作押。

5 月，收回粤汉铁路权的呼声甚高，赴江宁与张之洞、魏光焘商议美国合兴公司废约事。

7 月 2 日，电告外务部：各国公司每于合同夹缝中力争权利，稍一放松，则数十年吃亏无尽，必须警惕。

1905 年

4 月 25 日，沪宁铁路分开成上海—苏州、苏州—常州、常州—镇江、镇江—南京四段同时开工建造。盛宣怀作为铁路总公司督办，亲自主持了沪宁铁路的开工典礼。

5 月中，北上勘黄河桥工、正太路工。

5 月 22 日，被召见。向皇上汇报卢汉铁路工程及黄河桥工情形。

11 月，遵旨自沪赴荣泽会同唐绍仪验收黄河桥工，并举行全路落成典礼。因咯血病发，未及复命即回沪。

12 月 5 日，电奏：上海铁路总公司请即裁撤，并归铁路总局唐绍仪督办，以一事权。

12 月 13 日，株萍铁路全线竣工通车，全长 90.29 公里，从此，安源的煤炭可直达株洲。铁路共设安源、萍乡、醴陵、株洲四个大站；峡山口、老关、板杉铺、姚家坝、白关铺五个小站。这是江南最早的一条铁路。

是年，英国驻华公使与清铁路大臣盛宣怀签订《道清铁路借款合同》(21 条)，将原道口至清化一段铁路修建费用作为清政府向福公司的借款，清政府以经营权作为抵押。清政府派詹天佑主持评估，将这一段铁路收归国有，改称道清铁路。

1906 年

2 月 13 日，与日本三井洋行签订一百万元借款合同。以汉阳铁厂物产作押。

3 月，裁撤上海总公司，督办铁路总公司事至此结束。

同月，清廷责成盛与英商磋商，废苏杭甬铁路草合同，务期收回自办。

9 月，续请汉阳铁厂免税展限十年。（1896 年张之洞奏请获准免税五年，1901 年盛请准展限五年，此为第二次展限。）

是年，清政府设邮传部。盛宣怀管摄路、电、航、邮四政。

1907 年

3 月 3 日，道清铁路全线正式通车。道清铁路横跨浚县、滑县、汲县、新乡、获嘉、修武、河内七县，全长 150.446 公里。

3 月 7 日，中英签订《广九铁路借款合同》。

5 月 1 日，与日本大仓组签订借日金二百万元合同。以萍矿财产作押。

10 月，正太铁路全线竣工，共用了三年半的时间。建成后线路总长 243 公里，设车站 35 个，有隧道 23 座，大小桥梁 1200 多处，最长的隧道长 640 米。

10 月，李维格从国外考察回来，解决了铁厂钢质含磷太多易裂的问题，并建立新厂；萍乡煤矿建设也颇有成效。盛乃赴汉阳验新钢厂，赴萍乡验大煤槽。看到"风声所播，商情踊跃"等情况，于是函商张之洞：拟将汉、冶、萍合成一大公司，以期保中国厂矿，挽回中国权利。

11 月，遍历鄂、湘、赣勘阅厂矿，复筹商川路定轨及萍乡防营等事，因疲劳和冬寒，旧疾复发。

12 月 14 日，向汉口正金银行借款三十万日元。

12 月，奉旨："迅速来京预备召见。"即由汉北上进京。

1908 年

3 月 9 日，被授为邮传部右侍郎，管摄路、电、航、邮四政。

3 月，上奏：为商办汉、冶、萍煤铁厂矿渐著成效，亟宜扩充股本合并为一公司，以期推广，而垂久远。奉谕：着责成盛宣怀加招华股，认真经理，以广成效。

4 月 1 日，沪宁铁路全线通车，线路全长 311 公里，由上海北站至南京下关站，沿途共设上海、苏州、无锡、常州、镇江、南京等 37 个车站。

4 月，出都抵汉，赴铁厂考验炼钢、炼铁、拉轨、锤折诸法，两洋工程师均极赞美，谓与欧厂无异而质过之。

6 月 13 日，向横滨正金银行借日金一百五十万元，以汉冶萍矿山等作押。

7 月，清廷决定政府统筹铁路干线建设，并派军机大臣、大学士张之洞兼充督办粤汉铁路大臣。

9 月 2 日，奏请给假赴日本就医，兼考察钢铁厂矿和银行各业。到日本后为之诊疾者为青山、北里两医学博士。

此行著有《东游日记》。

11 月 5 日，听说光绪帝、慈禧太后先后去世，遂在日本神户"率同领事馆等举哀成服"，随后即乘轮回国。

11 月 7 日，清政府正式批准"汉冶萍煤铁厂矿有限公司"成立，确定公司设在上海，由盛宣怀负总责。"汉冶萍"堪称"中国钢铁工业的摇篮"，也是当时亚洲最大的钢铁联合企业。

11 月 14 日，汉冶萍公司向横滨正金银行借日金五十万元，以汉冶萍矿山等作押。

11 月 25 日，从日本返抵上海。在日本两月余，参观了那里的煤铁厂矿和银行、制币局，乃至文化教育等。

12 月，商办川汉铁路的筹款尚无头绪，清廷令张之洞兼督办川汉铁路大臣。

1909 年

3 月 21 日，汉冶萍公司向汉口正金银行借款五十万元，以汉冶萍公司汉口地产作押。

6 月，120 公里的郑县到河南府（洛阳）的铁路开通，伴随着早先开通的开封府到郑县的 65 公里铁路，总长 185 公里的这条东西走向贯穿河南的汴洛铁路工程正式完成。

9 月，张之洞去世。借款谈判一度搁浅。

11 月 13 日，邮传部铁路管理传习所成立，正式开学。

1910 年

2 月 27 日，清政府颁发中国红十字会试办章程，派盛宣怀担任中国红十字会会长。

2 月，邮传部铁路管理传习所增设邮电高等班、简易班各一，更名为交通传习所。

5 月 8 日，函致孙宝琦说明自己大半生建树，说中国"有十个盛杏荪"就好了。函中说："创轮船与各洋商争航路；开电政阻英、丹海线不准越中国海面；建纱布厂以吸收洋纱布之利；造京汉以交通南北干路；恢张汉冶萍，以收钢铁权利……冒奇险而成兹数事。私乎公乎？……试问天下有十个盛杏荪，实业便有数十件。可惜天下人才莫不鉴其吃亏、吃苦太甚，俱各援以为戒，竟无一人肯步其后尘！"

9 月 10 日，汉冶萍公司向正金银行借日金一百万元，以汉冶萍公司矿山等物产作押。

11 月 1 日，电东三省总督锡良：警惕日本攘夺本溪铁矿。

11 月 6 日，电鄂督瑞徵：兴国州银山锰矿很重要，近闻州人欲与锰矿局为难，务祈……予以保护，勿使滋生事端。

11 月 17 日，汉冶萍公司向横滨正金银行借日金六十一万余元，以汉冶萍公司等物产作押。

1911 年

1月6日，被授为邮传部尚书。在邮传部任职期间，盛宣怀提出整顿路政、明确划分干支路、干路国有及借款筑路等事宜。

3月31日，汉冶萍公司向横滨正金银行借日金六百万元。

从1908年春汉冶萍公司成立后至今三年间，向日本借款共约一千二百万元有余，均附苛刻条件。

4月，盛宣怀与英、法、德、美四国银行团签订《湖北湖南两省境内粤汉铁路、湖北境内川汉铁路借款合同》，合同约定选用英国人为湘鄂段总工程师，英国人格林森受聘担任了该职。

5月初，复陈铁路明定干路支路办法，认为其要尤在干路收归国有，迅速筹办支路，则仍可由商民量力办理，此为处理铁路之要领。

5月8日，清内阁改制，"皇族内阁"成立。盛宣怀被留任简授为邮传大臣。所有内阁总协理大臣及各该大臣均为国务大臣。

5月9日，清廷宣布铁路干线"实行国有"的政策，派端方为接收川汉、粤汉铁路督办大臣。

5月20日，遵旨接办粤汉、川汉铁路，接议英、德、法、美各银行六百万英镑借款合同，本日定议签订。干线国有与这次借款，引起川、粤、两湖保路风潮。

春夏间，与日本举行汉冶萍公司一千二百万元借款谈判，以便发展公司生产，并将自己在公司中的大量投资收回一些。为了不受日本过多的苛刻条件，盛做出同时向其他国家借款的姿态。但受铁路干线国有引起的保路风潮等原因，借款谈判暂搁。

7月，汉冶萍公司在总办李维格的主持下，以英国通行章程为蓝本，拟定了《八十五磅钢轨及附属品制造验收通行章程》。该标准以英式85磅轨为标准，详细规定了85磅钢轨及附属品的样板、制造法、化验、剪裁、长度、钻孔、标志、试验法、试验器具、出钢号数及日期登记、试验费、剔退钢轨记号等规范，并附有样板图纸和计算方法。

夏秋间，从四川开始的保路风潮兴起后，广东、两湖也随之继起，清王朝处于风雨飘摇之中，保清派人士群起攻击盛宣怀，盛乃成为众矢之的。

10月10日，武昌起义。随之各省相继宣布独立。

10月26日，清王朝为平息众怒稳住统治，将盛宣怀作为替罪羊革职，永不叙用。

10月27日，清廷任命袁世凯为钦差大臣。

10月28日，盛宣怀逃离北京，经天津去青岛。日本顾问高木陆郎等随行。

11月1日，袁世凯被清廷任命为内阁总理大臣，组织责任内阁。

是年，关东铁路延伸至沈阳。

1912 年

1月1日，中华民国政府在南京成立。孙中山出任临时大总统。

1月中旬，南京临时政府财政极为困难，拟以汉冶萍公司财产作为抵押，向日本筹借款项，或用中日合办形式，以解燃眉之急。派何天炯为代表赴日，通过王勋（阁臣）将用汉冶萍公司筹款之事告盛，盛在答话之余，提出"或由公司与日商合办"的意见，并云："合办以严定年限、权限为最要，免蹈开平覆辙。"

1月17日，孙中山通过他的代表告盛："民国于盛并无恶感情，若肯筹款，自是有功，外间舆论过激，可代为解释。惟所拟中日合办，恐有流弊。"至于盛氏被没收的财产，"动产已用去者，恐难追回；不动产可承认发还"。

1月26日，日本代表小田切说汉冶萍公司已无财产，不同意贷款，只能华洋合办。本日上海三井洋行与民国政府签中日合办汉冶萍公司草约（称"宁约"）。

1月29日，小田切在神户将中日合办汉冶萍公司合同，交盛宣怀草签(称"神户约")。

2月12—13日，清帝下诏宣布退位；袁世凯声明赞成共和；孙中山向参议院辞职推荐袁为临时大总统。

23日，孙中山下令废除中日合办汉冶萍公司草约。这时用招商局财产向日本筹款一千万元，亦未能成功。

3月10日，袁世凯在北京就任临时大总统之职。

3月13日，致张仲炤函："民国政府力摧实业公司，汉冶萍、招商局几乎不能保全。"目前风已过去，以后实业必大兴旺，"故我辈不可不以保持已成为己任"。

3月18日，致杨士琦函：在汉冶萍中日合约上"弟幸未签字盖印"，且于草合同末条声明：俟民国政府核准后，须股东会议决"方能知会日商。舆论哗然早在意中"。

3月22日，汉冶萍公司召开股东大会，同意取消中日合办草约。

3月30日，致孙中山函："钢铁关系自强，需本甚巨，华商心有余而力不足，恐非政府与商民合办不能从速恢张，以与欧美抗衡也。"

4月1日，孙中山正式辞去临时大总统一职。

9月29日，致孙中山函称："大驾到京，宏议铁道，所到之处，实业发达，尤为文明之代表。"

10月间，自日本回到上海。

1913 年

2月18日致函吴蔚若："归国后故园独处，书画自娱，如梦初醒，不欲知秦汉以后事。惟民穷财尽，实业如航业、铁业已成之局，似不难于保守。乃因董事不得其人，内外交讧；股东散处四方，每届开会，到者甚稀，西人目为自弃权利。大约官僚附股，讳莫如深！"

3月29日，致搆武先生函：汉冶萍公司国有之说恐难办到，"鄙见商办公司必当奉工商部为惟一之管辖上司，不宜杂乱，一羊九牧，必无收成"。

同日，汉冶萍公司召开特别股东大会，被选为总理，会后又被选为董事会会长。

3 月 30 日，致函民报馆向搏甫："弟与中山先生情谊甚好，旧事不宜重提，务祈格外留意。"

4 月 22 日，致函梁启超："汉冶萍中日合办，非由弟主，而实由弟挽救。近已有人代为昭雪"，说这是"颇类强迫，不得已辞总理仍为董事（会长）"，但因重病，会长事务常由王存善代理。

1914 年

9 月 26 日，致外交总长孙宝琦函，要他警惕日本侵略。第一次世界大战爆发，日本对德宣战，乘机向德国势力范围的山东进军。乃告孙云："惟望欧战早停，中立不致败坏。近邻不怀好意，触之即动，似宜小心。"对于日本控制的汉冶萍公司，提出"以外债图扩充，以铁价还日款，以轨价充经费"的方针。

是年，同意股东、董事们提出的官商合办汉冶萍公司的意见，并积极进行准备。但由于日本帝国主义的干预，1915 年 1 月，日本向袁世凯提出了"二十一条"，坚持汉冶萍"中日合办"，但未能成功。

1915 年

1 月，日本帝国主义向袁世凯政府提交灭亡中国的"二十一条"，其中第三条规定："汉冶萍公司中日合办，附近矿山未经公司同意不准他人开采"。名为"中日合办"，实为日本独占，以实现它多年处心积虑吞并汉冶萍公司的阴谋。

3 月 6 日，正金银行驻北京董事小田切万寿之助电告盛宣怀："中日合办"汉冶萍公司，以"所享之益尤大"来引诱，力请盛同意。

3 月 28 日，复小田切：以股东们反对"中日合办"和"各国效尤"为理由，拒绝名为"中日合办"汉冶萍公司实为吞并的妄图。

春夏间，为了既不"中日合办"，又能把汉冶萍维持下来，允由梁士诒、孙多森所办"通惠实业公司"出面发行实业债票等办法，维持汉冶萍公司。

11 月 24 日，正金银行上海分行经理儿玉来函："日本绝不能承认贵公司与通惠公司结成关系"。

冬，病益重，不能起床，也不能管事。

1916 年

4 月 27 日，在上海病逝。终年七十三岁。

参 考 资 料

[1] 顾必阶:《中国铁路建设与汉冶萍》,第一届汉冶萍国际学术研讨会论文集。

[2] 刘家华:《关于清末中国朝野围绕修筑铁路问题的三次争论》,《知识窗·教师版》2014 年第 2 期。

[3] 夏东元:《盛宣怀传》,四川人民出版社 1988 年版。

[4] 陈旭麓等主编:《湖北开采煤铁总局 荆门矿务总局》,上海人民出版社 2016 年版。

[5] 湖北省档案馆:《汉冶萍公司档案史料选编》上册,中国社会科学出版社 1994 年版。

[6] 吴剑杰:《张之洞年谱长编》,上海交通大学出版社 2009 年版。

[7] 张实:《苍凉的背影——张之洞与中国钢铁工业》,商务印书馆 2010 年版。

[8] 方一兵:《汉冶萍公司与中国近代钢铁技术移植》,科学出版社 2011 年版。

[9] 盛宣怀:《愚斋存稿》,(台湾)文海出版社 1963 年版。

[10] 盛同颐等:《杏荪公行述》,《龙溪盛氏宗谱·附录二》,2011 年修订版。

[11] 吴伦霓霞、王尔敏:《盛宣怀实业函电稿》(下),香港中文大学出版社 1993 年版。

[12] 郑润培、李航:《郑观应与汉阳铁厂的营运》,第二届汉冶萍国际

学术研讨会论文集。

[13] 王树楠：《张文襄公全集》，（台湾）文海出版社 1963 年版。

[14] 宓汝成：《中国近代铁路史资料：1863—1911》，中华书局 1984 年版。

[15] 张庆锋：《论盛宣怀与卢汉铁路筹款》，《河南大学学报（社会科学版）》2005 年第 2 期。

[16] 北京大学历史系近代史教研室：《盛宣怀未刊信稿》，中华书局 1960 年版。

[17] 苑书义等：《张之洞全集》，河北人民出版社 1998 年版。

[18] 易惠莉：《盛宣怀评传》（上卷），江苏人民出版社 2012 年版。

[19] 邱永文：《盛宣怀与中国近代铁路事业的发展》，第二届汉冶萍国际学术研讨会论文集。

[20] 范矿生：《近代煤矿与地方士绅关系》，第一届汉冶萍国际学术研讨会论文集。

[21] 黄领：《张赞宸开创萍乡煤矿的伟大实践及意义》，第二届汉冶萍国际学术研讨会论文集。

[22] 朱荫贵：《试论汉冶萍发展与近代中国资本市场》，第一届汉冶萍国际学术研讨会论文集。

[23] 吴杰、杨弃：《安源：百年煤矿话沧桑》，《国企》2012 年第 1 期。

[24] 吕柏：《中国采矿业与钢铁工业》。

[25] 张泰山：《原料与技术：清末汉阳铁厂废弃贝炉浅议》，第二届汉冶萍国际学术研讨会论文集。

[26] 李维格：《汉冶萍公司历史说略》，民国初年。

[27] 张秉铎：《张之洞评传》，中华书局 1972 年版。

[28] 王亮停：《张之洞和盛宣怀在粤汉铁路及铁路借款上的恩怨》，《邯郸职业技术学院学报》2015 年第 1 期。

[29] 赵尔巽主编：《清史稿》，1927 年版。

[30] 中国史学会编：《中国近代史资料丛刊：洋务运动》，上海人民出

版社 1962 年版。

[31]龚建玲：《清末发行的沪宁铁路债券》，《世界轨道交通》2005 年第
3 期。

[32]黄文：《晚清沪杭甬铁路对英借款刍议》，《牡丹江师范学院学报
（社会科学版）》2007 年第 4 期。

[33]段海龙：《晚清铁路教育与京绥铁路建设》，《科学》2015 年第 5
期。

[34]赵平：《创办近代中国铁路高等学堂的实践评析》，《西南交通大学
学报（社会科学版）》2014 年第 3 期。

[35]盛承懋：《盛氏家族·苏州·留园》，文汇出版社 2016 年版。

[36]盛承懋：《盛宣怀与"中国的十一个第一"》，西安交通大学出版社
2016 年版。

[37]盛承懋：《盛宣怀与湖北》，武汉大学出版社 2017 年版。

[38]盛承懋：《中国近代实业家盛宣怀——办实业走遍天下》，天津大
学出版社 2018 年版。

[39]盛承懋：《盛宣怀与晚清招商局和电报局》，社会科学文献出版社
2018 年版。

[40]盛承懋：《盛宣怀与汉冶萍》，武汉大学出版社 2019 年版。

[41]盛承懋：《盛宣怀与近代中国高等教育》，武汉大学出版社 2021 年
版。